DK秒懂百科

哲学

英国DK公司 编著　史聪一 王梓宁 译　徐保军 审

DK | Penguin Random House

Original Title: Heads Up Philosophy
Copyright © Dorling Kindersley Limited, 2017
A Penguin Random House Company

本书中文简体版专有出版权由Dorling Kindersley Limited授予电子工业出版社，未经许可，不得以任何方式复制或抄袭本书的任何部分。

版权贸易合同登记号 图字：01-2017-2047

图书在版编目（CIP）数据

DK秒懂百科. 哲学 / 英国DK公司编著；史聪一，王梓宁译. -- 北京：电子工业出版社，2025.6. -- ISBN 978-7-121-50209-5

Ⅰ. Z228.2；B-49

中国国家版本馆CIP数据核字第202596L1A9号

审图号：GS京（2025）1224号
本书中第44、60、61页地图系原文插图

责任编辑：高　爽
印刷：惠州市金宣发智能包装科技有限公司
装订：惠州市金宣发智能包装科技有限公司
出版发行：电子工业出版社
北京市海淀区万寿路 173 信箱　邮编：100036
开本：889×1194　1/16　印张：10　字数：325 千字
版次：2025 年 6 月第 1 版
印次：2025 年 6 月第 1 次印刷
定价：88.00 元

凡所购买电子工业出版社图书有缺损问题，请向购买书店调换。
若书店售缺，请与本社发行部联系，联系及邮购电话：（010）88254888，88258888。
质量投诉请发邮件至 zlts@phei.com.cn，盗版侵权举报请发邮件至 dbqq@phei.com.cn。
本书咨询联系方式：（010）88254161 转 1952，gaoshuang@phei.com.cn。

FSC
www.fsc.org
混合产品
纸张｜
支持负责任林业
FSC® C018179

www.dk.com

DK 小猛犸童书

青少科普百科

DK 秒懂百科
哲学

英国 DK 公司 编著 史聪一 王梓宁 译 徐保军 审

电子工业出版社

Publishing House of Electronics Industry

北京·BEIJING

什么是哲学?

万物因何存在？对错的标准从何而来？上帝是否存在？在探索知识、现实和存在本质的过程中，哲学触及了人类最深奥的谜题。千百年来，这些问题一直萦绕在哲学家心头。哲学的存在，正是为了质疑那些被大众视为理所当然的事物。

许多哲学问题似乎超越了科学的边界。以道德问题为例：科学家固然能做出涉及道德意义的发现——他们可以研制核武器，或让我们通过选择眼睛和头发的颜色来"设计"婴儿。但科学无法告诉我们是否应该使用这些新技术。科学最终只能揭示事物的本质，而道德哲学则关注事物应有的状态。哲学思考要求我们运用理性与逻辑探寻真理。它不仅仅是一门学科，更是一种思维训练：是学习如何深入思考问题的绝佳方式。你在哲学思考中培养的技能，从演讲报告到商业谈判，都能大显身手。哲学家还善于质疑我们的信念。我们可能未曾察觉，但每个人都持有诸多哲学信念。这当然包括道德信仰：许多人相信宇宙由上帝

创造，相信死后存在某种形式的永生；另一些人则持相反观点。通常，这些信念源于文化、社群和传统。但它们并非一成不变——就在不久之前，大多数西方人还认为奴隶制和剥夺女性投票权在道德上是可以接受的。如今，我们已经认识到这些做法的错误。哲学家的使命就是努力辨别这些信念的真伪。在这个过程中，他们可能会被视为令人厌烦的质疑者。但提出这些问题至关重要，因为答案真的很重要。

哲学家都做什么？

众多高等院校都设有哲学专业，提供系统的学位教育。哲学也常作为政治学、经济学、神学和心理学等学科的必修或选修课程。

随着哲学爱好者的增多，哲学讨论小组日益流行。这些小组为志同道合的人们提供了非正式的交流平台。此外，许多地区还开设了面向公众的哲学夜校课程。

如何学习哲学？

学术课程

讨论小组

哲学的核心在于理性思考。通过学习和讨论哲学问题，我们能够锻炼大脑，培养清晰、有逻辑的思维能力。

哲学辩论是提升论证能力的绝佳途径。一个令人信服的论证不仅需要充分的论据支持，还要具备清晰的逻辑结构和准确的语言表达。

学习哲学能带来什么？

思维训练

表达艺术

辩论技巧和道德哲学知识在法律界大有用武之地。许多哲学专业毕业生成为律师、法官或调解员，也有不少人在科技、医疗和商业伦理领域担任顾问。

部分哲学专业人才选择从政，成为政治家、政策顾问或社会活动家。也有许多人在政府机构任职，为经济、社会和国际政策的制定与实施提供专业建议。

哲学的职业发展

法律领域

公共政策

几乎没有人是全职哲学家。他们或是编写哲学类书籍，或是在大学里教学和研究。然而学习哲学会帮助我们在很多不同工作中掌握有用的技巧。哲学家有很多职业选择。同时，很多人只是单纯地喜欢哲学，把哲学当成自己的业余兴趣而已。

有一些哲学杂志是面向广大读者的——这些杂志通常通过订阅获得，而不是在书店出售。有些杂志也可能在线上提供电子版，同时还有许多关于哲学的博客。

期刊和博客

无论选择何种学习方式，图书馆和书店都是获取哲学著作的重要渠道。此外，多部权威的哲学百科全书和词典也可在线查阅，为学习者提供了便利。

书籍

哲学训练我们客观评估论证的优劣，这要求我们能够换位思考，在对立观点中寻求平衡点。

沟通智慧

逻辑学特别注重培养实用的思考技能，这些技能有助于我们做出理性决策，并以系统、有序的方式解决复杂问题。

问题解决

哲学最重要的价值在于培养独立思考能力。哲学家们强调理性论证，而非盲从传统或偏见，他们既能提出创新观点，也能挑战固有观念。

独立思考

记者、调查记者、政治评论员和编辑需要具备快速抓住问题本质并通过媒体清晰表达的能力。哲学训练为新闻工作提供了必要的技能储备。

新闻传媒

虽然少数哲学专业人才选择创业，但更多人发现哲学训练在市场营销、广告策划、企业组织和人力资源管理等方面都具有应用价值。

商业领域

心灵哲学与心理学密切相关，许多心理学家和神经科学家都有哲学背景。部分哲学专业人才接受专业培训，成为心理治疗师和咨询师。

心理健康

除了在高校从事专业研究的哲学学者，许多哲学专业人才投身教育领域，他们不仅教授各类课程，还参与教育理论研究工作。

教育领域

什么是知识?

求知的欲望

你是如何知道的？

这个想法从何而来？

不要完全相信你的感官

知识源于理性思考

我们从经验中学习知识

没有任何事物是确定的

相信并不等同于知道

你永远不可能知道全部

我们是否真的知道真相？

认识论作为哲学的重要分支，致力于探讨知识的本质及其获取方式。在这一领域中，学者们长期争论着几个关键议题：通过感官经验我们能认识多少事物？理性思考又能让我们理解多少？以及，人类的认知能力是否存在不可逾越的界限？

科学

求知的欲望

人类与生俱来怀有好奇心。我们渴望理解周遭世界、自身处境，以及我们的思维和行为模式。这种对知识的追寻需要解释——既包括我们如何认知事物，也涉及我们能否确信所知内容的真实性。

参见：14~15，16~17

传统信仰

自古以来，人类就对所处世界充满好奇，并试图理解其奥秘。人们寻求各种现象的解释，尤其是那些影响日常生活的自然现象——季节更替、植物枯荣、日月升落、星辰运转。对史前人类而言，这些现象如同魔法，常被归因于超自然力量。宗教与神话由此诞生，它们不仅解释物质世界，还依据神授法则诠释人类行为。随着文明的发展，这些传统信仰成为文化基石，构建社会框架，并几乎未经质疑地代代相传。然而，随着社会日益复杂，一些人发现传统已无法满足其求知欲——他们不再满足于接受传统信仰，而是渴望寻求自己的答案。

理性之光

正是这种不满足于宗教或传统教条、渴望真正理解世界的愿望，催生了古希腊第一批哲学家。他们质疑普遍接受的观点，通过观察世界和运用理性思考能力，寻求新的答案。他们认为，理性解释能提供真正的知识，而非单纯的信仰。这些早期哲学家试图

> 理性永恒，余者皆逝。
>
> 毕达哥拉斯

我们通过多种方式开启知识之门。

传统

推理

⊙ 缺失的钥匙

最早的哲学家们对世界的传统解释及人类生存方式提出质疑。他们寻求新的解释框架，运用理性以全新视角审视世界。

许多事情阻碍了知识的获取，包括主题的晦涩难懂以及人类生命的短暂。

普罗泰戈拉

解释世界的构成与结构，这种探索逐渐演变为各门科学。后来的哲学家则试图为生活方式、现实本质和存在意义提供理性解释，作为传统信仰的替代。这种通过理性——特别是鼓励讨论和辩论——来审视和理解世界的方式，构成了哲学的核心。直至今日，哲学仍在不断质疑我们所处社会的传统观念。

关于知识的问题

哲学源于人类对知识的渴求，而哲学家们也将目光转向了知识本身。他们意识到，仅仅断言"事情就是这样"或解释我们为何如此认为已远远不够，我们必须深入探究认知的本质。当希腊文明在雅典城邦达到鼎盛时，哲学家们开始追问：当我们声称知道某事时，究竟意味着什么？知识的本质又是什

么？这些思考催生了哲学的一个重要分支——认识论。认识论致力于探索知识的各个方面：我们如何获得知识，如何确认所知为真，以及是否存在永远无法认知的领域。

"哲学（philosophy）"一词源自古希腊语，意为"对智慧的热爱"。

东西方哲学的起源

在古希腊城邦兴起的同时，中国和印度也在发展各自的文明。这些地区同样孕育了伟大的思想家，如孔子（孔夫子）和悉达多·乔达摩（佛陀）。然而，东方哲学采取了与西方截然不同的路径。东方哲学更关注如何过上美好生活、如何组织社会，且哲学与宗教的界限不像西方那样泾渭分明。

你是如何**知道的?**

我们常自认为知道某事，实则只是接受了他人观点或传统解释。对哲学家而言，仅仅接受某件事是真实的还不够。他们需要有充分的理由去相信它，并寻求有力的论据支持。

苏格拉底既智慧又诚实——在被判死刑前，他还用一只鸡还清了最后的债务。

通过理性探寻真理

古希腊早期哲学家不满足于传统或宗教解释，转而运用理性探索世界。他们提出了关于世界构成与结构的新观点，并用理性论据支持其理论。由此产生了一个重要观念：要真正认知某事而非仅仅相信，必须运用理性；理性是所有真知

> **没有人能够完全、清晰地认识任何事物，将来也不会有人能做到。**
> 色诺芬尼

的源泉。然而，并非所有古希腊哲学家都认为仅凭思考就能解答所有重大问题。例如，色诺芬尼虽认同理性思考的重要性，但他强调需要外部世界证据的支持，以防思考沦为纯粹的推测。

我们一无所知

哲学讨论的重心逐渐从宇宙本质转向认知方式：不仅关注如何确认所知，还探究知识的来源。约公元前5世纪，雅典成为古希腊文化中心，哲学家们对人类关切的道德、政治和认知问题产生了更浓厚的兴趣。其中，苏格拉底是最重要的哲学家之一。他质疑传统思想与信念，运用推理能力确立真知与无知的界限。他的方法是与他人讨论其自认为知道的事物，但为了消除先入为主的观念，他采取"我一无所知"的立场。随后，他会挑战对话者的所有想法和假设，指出其论点中的矛盾与不足，揭示其知识的局限。苏格拉底最有力地展示了理性如何揭露假定知识的弱点，以及理性思考如何深化我们的认知。

终点　知识

？
？
？

起点

至于我，我所知道的就是我一无所知。

苏格拉底

最智慧之人

德尔斐的神谕说，没有人比苏格拉底更智慧，然而苏格拉底总是坚持认为自己一无所知——他怎么可能是最智慧的人呢？但是，当他与雅典最伟大的人们讨论哲学时，他意识到他们只是以为自己知道很多。他比他们所有人都更智慧，因为他意识到了自己知识的局限性。

真理的追寻者

苏格拉底不仅挑战当时的主流观念，更致力于探寻可以确信的真理。他特别关注道德与政治领域，提出诸如"何为正义？""何为勇气？"等根本性问题。尽管多数人自认为知晓答案，苏格拉底却证明

他们实则无知。与他辩论的人虽能列举正义或勇敢行为的实例，却无法阐明这些行为的共同本质。苏格拉底追求的并非简单的定义，而是正义与勇气的本质属性。他认为，这种本质只能通过理性思考才能把握。

参见：12~13，20~21

认知游戏

认知的道路是由许许多多的问题铺就的……

质疑一切

苏格拉底认为，人生来无知，但通过不断质疑每个阶段遇到的信仰与习俗，我们得以在人生旅途中获取真知。

这个**想法**从何而来？

认识论（哲学中研究知识的分支）的核心问题之一是：我们的知识从何而来？自古以来，哲学家们就一直在争论：我们是生来就具备某些知识，还是所有知识都来自后天经验？

两大思想流派

在哲学史上，关于知识来源的理论将哲学家们大致分为两个阵营。理性主义者认为，我们天生具有推理能力，这种能力使我们能够获取知识。他们主张，理性是知识的主要来源，现实由真理构成，我们可以通过推理发现这些真理。经验主义者则持相反观点，认为我们没有任何先天知识或能力，所有知识都来自对外部世界的经验。他们认为，通过感官收集的信息是知识的主要来源。

"认识论（epistemology）"一词源自两个希腊语单词，意为"对知识的研究"。

我们天生就拥有知识吗？

天赋知识论

古希腊早期哲学家特别强调推理的力量，认为仅凭推理就能获得知识。柏拉图通过一个故事阐述这一观点：苏格拉底与一个未学过几何的奴隶男孩讨论几何问题。苏格拉底在沙地上画图，男孩通过观察和推理理解了问题的解决方法。虽然苏格拉底没有直接告知答案，但男孩自己得出了解决方案。柏拉图认为，男孩对这个几何问题没有任何经验，因此他的知识必定是先天存在的——通过推理被唤醒。柏拉图提出，我们天生就知道某些真理，这些真理存在于与感官世界分离的"理念世界"中，是我们所有知识的源泉，而非来自感官经验。

> 我们所谓的学习，实际上只是回忆的过程。
>
> 柏拉图

还是通过
经验学习
得到的？

知识与现实的桥梁

尽管柏拉图的知识观影响了数个世纪的哲学家，但他的学生亚里士多德提出了截然不同的观点。亚里士多德否认天赋知识的存在，主张人生来如同一张白纸，所有知识都建立在对世界的经验之上。这一经验主义观点在中世纪后重新兴起，伴随着基于观

所有人天生都
渴望知识。

亚里士多德

● 两种认知观

柏拉图和理性主义者认为，我们天生拥有知识，可以通过推理来获取这些知识。而亚里士多德和经验主义者则主张，我们通过感官获得对外部世界的所有认知。

察（经验）而非纯粹推理的科学发现。17世纪，勒内·笛卡儿重拾柏拉图思想，这引发了约翰·洛克的回应。洛克追随亚里士多德的脚步，拒绝理性主义的天赋知识论。作为最重要的经验主义哲学家之一，洛克认为，我们对外部世界的认知完全来自经验，心灵与外部世界的唯一直接联系就是感官。理性可以用来处理感官信息并形成观念，但任何非源于感官经验的内容都与外部现实无关，也无法提供真实知识。

参见：18~19, 20~21, 24~25

新思想

柏拉图和亚里士多德分别创立了阿卡德米（Academy）和吕克昂（Lyceum）两个哲学学派。这些学派的目的并非传授各自的观点，而是激发哲学讨论。尽管哲学家们在知识起源问题上存在分歧，但普遍认同的是，新思想往往通过推理，特别是哲学论证和辩论而产生。

一旦我们不再关注事物，它们就会消失吗？

参见: 14~15, 16~17, 20~21, 24~25, 44-45

消逝的世界 ➡

一些哲学家认为，我们只能通过感官获得知识。乔治·贝克莱甚至怀疑物质的存在——如果我们无法感知身后的事物，我们怎么知道它们是否存在？

不要完全相信

我们往往认为感官能准确反映周围世界——所谓"眼见为实"。然而，感官确实可能被欺骗，比如通过光学错觉。这是否意味着感官作为知识来源并不可靠？如果它们可能出错，我们是否还能信任来自感官的任何信息？

不完美的世界

柏拉图是最早质疑感官可靠性的哲学家之一。他继承苏格拉底的思想，试图证明人们许多想当然的认知都建立在不可靠的基础之上。他认为，不仅我们的感官经常误导我们，而且我们通过感官体验的世界本身也是不完美的。例如，当我们看到纸上画的圆时，我们认出了圆形，但这并非完美的圆——无论绘制多么精确，现实世界中完美的圆并不存在。柏拉图认为，我们的世界是由不完美的事物构成的虚幻世界，通过感官获得的知识也必然是不完美的。

我们的感官可能被欺骗

法国哲学家兼数学家勒内·笛卡儿进一步发展了感官可能欺骗我们的观点。他意识到，有时感官会给我们错误的印象——比如，一根直棍插入水中看起来是弯曲的。既然感官可能不可靠，那么完全信任它们就是错误的——我们通过感官体验到的一切都可能是虚假的。甚至有可能我们正处于睡眠之中，所体验的世界只不过是一个梦，或者某种神秘的力量正在让我们相信一些并不真实的事情。如果真是这样，那么我们永远都

乔治·贝克莱早年便崭露头角——他所有最著名的作品都是在他二十多岁时写成的。

> **一切欺骗之物，亦可谓之迷人。**
>
> 柏拉图

你的感官

感官时常会欺骗我们，因此谨慎起见，永远不要完全信任那些曾经欺骗过我们的感觉。

勒内·笛卡儿

致。他认为，我们的知识源于对事物的经验，但我们所能经验的只是这些事物在我们头脑中的观念。我们没有确凿的理由相信，除这些观念外还存在其他任何东西。根据贝克莱的观点，唯一可以确定存在的是观念和感知这些观念的心灵——物质世界并不存在。

无法确定任何事情。但笛卡儿随后指出，有一件事是确定的：为了被欺骗，他必须存在，并且作为一个思考的存在而存在。因此，尽管感官不可信，但他可以确定自己作为一个能够思考和推理的存在是真实的。

经验主义的极致

尽管17世纪许多哲学家接受了笛卡儿的观点，但并非所有人都认同。一些哲学家，特别是英国的经验主义者，虽然承认感官可能不可靠，但仍坚持认为感官是我们获取知识的唯一来源。他们认为，我们确实具有推理能力，但这并不能直接提供知识——推理只是我们用来理解感官信息的工具。我们只能了解我们经历过的事物，而这些经历必须通过感官获得。这种经验主义观点被乔治·贝克莱推向了极

欺骗的恶魔

为了彻底质疑感官的可靠性，笛卡儿设计了一个思想实验——一个虚构的情境。在这个情境中，一个邪恶的恶魔有能力欺骗他，让他相信某些事情，即使这些事情并不真实。这个思想实验旨在探讨我们是否能够完全信任自己的感官体验。

知识源于理性思考

虽然我们似乎通过视觉、听觉、触觉、味觉和嗅觉来认识世界，但我们的感官并不完美，它们提供的只是对现实的不完整认知。然而，人类还拥有另一种能力——理性思维能力，许多哲学家认为这是更为可靠的知识来源。

> 柏拉图认为，男性和女性具有相同的智力，并且应该接受相同的教育。

所有物体都有其理想形式

柏拉图哲学的核心在于质疑我们对世界的感知。他认为，感官只能提供现实的表象，唯有通过推理和逻辑思维，我们才能把握事物的本质。他的导师苏格拉底曾提出"何为正义？"和"何为美德？"等问题，试图探寻它们的本质。苏格拉底认为，不能仅通过列举正义或美德的实例来回答这些问题，必须存在这些事物的理想形式。柏拉图进一步发展了这一思想。他相信，不仅正义、美德等抽象概念有理想形式，具体物体也有其理想形式，而我们的感官体验到的只是这些理想形式的不完美反映。例如，当我们看到一把椅子时，尽管世界上存在各式各样的椅子，我们仍能认出它是一把椅子。柏拉图认为，这是因为我们脑海中有一个理想椅子的概念，而我们所见的椅子只是这个理想形式的不完美"复制品"。

理念世界

柏拉图解释说，这些事物的完美形式确实存在，但它们存在于一个与我们生活的世界分离的世界中。我们的世界只包含这些理想形式的不完美投影。尽管这个理念世界（或称形式世界）超越了空间和时间，我们仍能接触到它，因为我们天生就对这些完美理念有所认知。例如，即使一个三角形的边不完全笔直，我们仍能认出它是三角形，这是因为我们脑海中天生就有完美三角形的形象。通过推理，我们可以得出三角形的内角和为180度，即一条直线，并且知道这是

俗世的知识皆为幻影。

柏拉图

推理决定了我们的知识。

完美的影子

柏拉图认为，尽管我们能够识别出圆和正方形等形状，但这些只是完美形式的不完美反映。在我们所生活的世界中，并不存在完美的圆和完美的正方形。

真理。柏拉图认为我们日常生活的世界是虚幻的，真正的现实只存在于理念世界中。感官呈现给我们的是一个不完美的投影世界，唯有通过理性思考，我们才能获得对现实的真正认知。

特弗里德·莱布尼茨在内的数学家们。在17至18世纪数学大发展的时期，理性主义成为欧洲哲学的主导方法。

参见：14~15, 18~19

二加二总是等于四

柏拉图认为，理性思考是我们知识的主要来源，这一思想在17世纪被勒内·笛卡儿进一步发展，成为其哲学方法的核心。笛卡儿认为，由于感官可能欺骗我们，唯有通过推理获得的知识才是真正可靠的。作为杰出的数学家，他认识到，数学真理，特别是几何学真理，可以通过纯粹的理性思考来发现——即从一个真理出发，通过逻辑推理得出另一个真理。笛卡儿还认为，宇宙万物都有其逻辑结构，这种结构同样可以通过理性思考来揭示。这种理性主义观点深深吸引了包括本尼迪克特·斯宾诺莎和戈

柏拉图的洞穴隐喻

为了解释他的理念世界理论，柏拉图讲述了一个关于被囚禁在洞穴中的囚徒的故事。这些囚徒背对着洞穴的入口，在他们身后有一堆火，火将物体的影子投射到洞穴的后壁上。对于囚徒们来说，这些影子是他们所理解的唯一现实，除非他们能够挣脱束缚，转过身来，意识到这些只不过是真实物体的影子而已。

大卫·休谟
1711—1776

苏格兰哲学家大卫·休谟在12岁时就展现出非凡的才智，进入爱丁堡大学求学。尽管主修法律，但他对哲学情有独钟。他在英格兰布里斯托尔工作一段时间后，又到法国拉弗莱什学院（一个世纪前勒内·笛卡儿曾就读的学府）深造，休谟逐步完善并传播了他的哲学思想，取得了一定成就。然而，直到他去世后，人们才真正认识到他的价值。

年轻的作家

休谟过着简朴的生活，在二十多岁时就完成了《人性论》。这部著作于1739年至1740年间出版，尽管后来成为极其重要的哲学作品，但最初只获得了有限的关注。休谟并未因此气馁，他继续出版了一系列论文，并简化了早期作品，创作出广受欢迎的著作，如1748年出版的《人类理解研究》。

由于休谟被禁止为他工作的图书馆订购某些书籍，他以此为由，将自己的薪水捐给了盲诗人托马斯·布莱克洛克，以示抗议。

经验主义的实践者

休谟作为经验主义哲学家，坚信只有通过感官才能获得对现实的重要认知。然而，他强调这些感知具有个体性，而非普遍性。他提出了一个革命性的观点：支配人类行为的是情感而非理性，道德原则的基础并非神的旨意，而是其对人类的有用性或效用。

畅销历史学家

由于未能获得格拉斯哥大学和爱丁堡大学的教职，休谟从1752年起担任爱丁堡律师协会图书馆管理员。这个职位使他得以利用图书馆丰富的3万册藏书进行研究，最终完成了宏大的六卷本《英格兰史》（1754年）。这部超过百万字的巨著意外地成为畅销书，至少重印了100次。

> "理性 是……激情的奴隶，除了服务和服从激情，再也没有其他任何职能。"

贬抑宗教

休谟小时候常去教堂，但成年后，他因主张知识并非来自上帝而是源于经验，激怒了许多人。他批评了一些宗教所赖以建立的基础，并在《人性论》中写道："一般来说，宗教中的错误是危险的；而哲学中的错误则只是可笑的。"

我们从**经验**中学习知识

纵观历史，哲学家们对知识来源的争论从未停歇。一些人认为推理是主要的知识来源，而另一些人则主张我们对世界的认知主要来自经验。我们出生时如同一张白纸，通过感官体验来获取知识。

> **真理**存在于我们周围的世界中。
>
> 亚里士多德

白板说

自古希腊以来，哲学就依赖理性思维来寻求答案和解释。推理被认为如此重要——甚至比我们通过不完美的感官获得的经验更为重要——以至于柏拉图认为所有知识都源于理性。然而，其他哲学家持不同观点，他们认为对世界的经验在确立真理和获取知识方面同样关键。亚里士多德几乎完全反对柏拉图的观点。他提出，我们出生时，心灵就像一块空白的石板，上面没有任何内容，我们通过感官体验——所见、所闻、所触、所尝、所嗅——来构建对世界的认知。

经验构建认知

亚里士多德认为，我们在现实世界中体验到的事物，并非如柏拉图所说，是存在于另一个世界的理想形式的不完美投影。我们并非天生就拥有对事物完美形式的理念，然后再认识其不完美实例。相反，我们通过接触事物的各种实例，逐步构建对其本质的理解。例如，通过观察许多狗，我们了解到所有狗共有的特征。这些特征构成了亚里士多德所称的狗的"形式"，即其本质。这种本质并不存在于独立的世界中，而是存在于每一只狗身上。正是我们对事物特定实例的经验，让我们认识到了它们的本质——这不仅适用于自然界的事物，也适用于正义和美德等概念。我们出生时并没有先天的是非观念，但通过学习认识到各种实例中共有的品质，我们逐步构建起对它们本质的理解。

知识伴随着经验而来

亚里士多德认为经验是我们知识的主要来源，这一观点影响了科学的发展，尤其是在中世纪末期，当时重大的科学发现都是通过观察和实验得出的。虽然像勒内·笛卡儿这样的理性主义哲学家受到了数学抽象推理的启发，但其他人则将自

> 让我们假设心灵是一张白纸，没有任何字迹，没有任何观念；那么，它是如何被填满的呢?
>
> 约翰·洛克

我们是通过所见过的各种不同的狗，构建起狗的概念的。

亚里士多德喜欢边走边谈——为了学习，他的学生们不得不跟着他。

然科学知识的增长归因于经验。这种观点被称为经验主义，在英国哲学家如约翰·洛克中颇为流行。和亚里士多德一样，洛克认为我们出生时一无所知，我们所知道的一切都来自感官收集到的信息。我们通过将事物联系起来形成复杂的观念，并逐渐组织这些信息，形成对世界的整体认知，同时发展出将理性应用于所经验之事物的能力。

⬆ 拼凑起来

通过对众多狗的观察，我们能够识别出赋予它们"狗性"的特征，如皮毛或尾巴。这种"形式"是所有狗共有的，帮助我们即使在狗只部分可见时也能识别出它。

自然爱好者

亚里士多德是一位热衷于自然的学者，他对野生动物进行了详细的研究，并对动植物进行了分类。他分类的方式是通过辨识某些确定的特征，比如某种动物是否能飞或能游，以及它是否长有羽毛、鳞片或皮毛。然后，他把动植物通过可辨识的共同特征分成了不同的种群。

参见：18-19, 20-21

确定性

我们不能确定地知道任何事情……

没有任何事物

哲学家们不会轻易接受任何陈述为真，而是会质疑其真实性。怀疑是哲学中的重要工具，帮助我们区分确定与不确定的事物。然而，是否存在我们能够完全确定的事物呢？

怀疑是智慧的源泉。

勒内·笛卡儿

我们能确定什么？

据说，苏格拉底的妻子珊蒂佩是唯一曾在辩论中战胜过他的人。

自苏格拉底时代以来，哲学家们一直在争论我们能否确定自己所知，甚至我们是否能够真正知晓任何事物。苏格拉底认为获取知识是可能的，但为了得出这一结论，他必须从"我一无所知"的立场出发。通过与人们讨论问题，他质疑他们自认为知道的一切，揭示其信念中的矛盾和漏洞。后来，一群被称为怀疑论者的希腊哲学家认为我们无法确定或了解任何事物。然而，并非所有哲学家都持如此极端的观点。一些人将怀疑作为一种工具，应用于所有信念中，以确定哪些是确定的。尽管一些怀疑论者坚持认为绝对知识是不可能的，但另一些人认为我们可以知道某些事物，尽管不是全部。在进行任何哲学探究时，一定程度的怀疑是必要的，直到找到令人信服的论据或证据。

我毫不怀疑我的存在

勒内·笛卡儿采用怀疑论方法，试图为自己的哲学找到一个坚实的基础——一个不容置疑的起点。他构想了一个假设情境，即一个邪恶的恶魔正在欺骗他，使他怀疑感官所体验的一切。通过这种方式，他实际上站在了彻底怀疑论的立场上。然而，他意识到，正因为能够怀疑一切，为了进行怀疑，他自身必须存

……所以我们应该质疑一切吗？

你确定吗？

是确定的

在。这个存在的事实，是笛卡儿发现的第一件他无法怀疑的事情——这是一个不容置疑的真理，他可以在此基础上构建自己的论点。

> 在关于事实的**推理**中，其确定性存在着各种可能的维度。因此，智者会根据证据来**调整自己**的信念。
>
> 大卫·休谟

参见：14~15, 18~19

称奇迹发生、违反自然法则的说法都不太可能为真。更可能的解释是我们的感官在欺骗我们，或者讲述奇迹的人在说谎。

运用你的常识

一个世纪后，苏格兰哲学家大卫·休谟也采用了怀疑论方法。作为经验主义者，他认为知识来自感官经验，但也意识到感官可能提供错误信息。他同样认识到逻辑推理的局限性，得出结论认为我们无法绝对确定任何事情。例如，他认为仅凭太阳过去总是升起，并不能合理证明太阳明天会升起的信念。然而，他承认我们不可避免地会相信太阳会升起。休谟主张"根据证据来调整我们的信念"：当有充分证据支持时，我们就相信；当缺乏证据时，我们就怀疑。例如，关于奇迹的证据通常不足，任何声

无限递归

当我们质疑一个陈述的真实性时，实际上是在询问是否有充分的论据支持它。问题在于，任何支持该陈述的论据都会涉及其他陈述——而怀疑论者会说，这些其他陈述同样可以被质疑。为了支持这些其他陈述，我们又会提出更多的陈述，而这些陈述同样可以被质疑。这个永无止境的过程被称为"无限递归"。

相信并不等同于知道

我们常常自认为知道很多事情，但现实可能更为复杂。我们可能会错误地相信一些最终被证明不真实的事情，或者不加质疑地接受他人所谓的"事实"，而不去探究其可信度。那么，我们究竟在什么情况下才能真正算作知道某件事情呢？

信念还是知识？

我们在谈论宗教信仰时经常使用"信念"这个词：宗教信徒相信一个或多个神，并相信圣典中所写的内容。在哲学中，我们探究这些信念是否真实。哲学家们承认，我们接受了许多事物为真——而且许多信念可能确实为真。但这并不意味着我们"知道"它们。人们常常声称他们"就是知道"某件事，虽然他们可能是对的，但我们本能地觉得他们实际上并不知道，因为他们无法给出合理的理由。另一些人虽然给出了理由，但这些理由并不充分。同样，也可以说他们并不真正"知道"。

→ **表象具有欺骗性**
开车经过这条路时，你可能会理所当然地认为这些房子是真实的，因为从正面看，它们看起来很真实。但实际上，这些房子是假的，所以这不是一个真实的信念。

认为这些房子是真实的信念并不是知识。

被证实的真信念

柏拉图是最早尝试准确区分知识与信念的哲学家之一。他将知识定义为"被证实的真信念"。要真正知道某件事，我们必须相信它是真实的，必须有充分的理由支持这一信念，而且它实际上也必须是真实的。例如，我可能真的相信圣诞老人存在，并且有理由相信（因为我见过他留下的礼物），但我们不能说我知道他存在，因为实际上他并不存在——这不是一个真实的信念。同样，我可能真的相信自己有一天会中彩票，这事实上也可能成真，但我没

信仰还是理性？

中世纪时期，基督教哲学家在试图借助希腊哲学的论证来为自己的信仰寻找合理依据时，往往会遇到一些难以调和的矛盾。然而，在东方哲学的世界里，宗教信仰，尤其是像生死轮回这样的观念，更多地被视为一种信仰层面的接受，而非哲学辩论的焦点。

知识即被证实的真信念。
柏拉图

有相信这一点的理由，所以，同样地，我不能说我知道这件事。要成为真正的知识，我的信念必须是真实且有根据的。

盖梯尔问题

在20世纪60年代之前，哲学界普遍接受柏拉图对知识的定义，即知识是被证实的真信念。然而，埃德蒙·盖梯尔（Edmund Gettier）通过一系列精妙的论证，揭示了这一定义的局限性。他提出了若干反例，在这些案例中，尽管某人的信念既真实又有依据，但我们直觉上仍认为这个人并不真正拥有知识。例如，设想我计划去朋友苏家拜访。当我到达时，透过窗户看到厨房里坐着一个人，我确信那就是苏。然而，实际上我看到的是苏的同卵双胞胎姐妹，而苏本人正在另一个房间。在这个情境中，我相信"苏在家"的信念是真实的（因为苏确实在家），并且我的信念也有充分的依据（我亲眼看到了一个与苏一模一样的人）。但显然，我并不知道苏在家这一事实。这类案例后来被称为"盖梯尔问题"，它们促使哲学家们思考：除了信念、真实性和正当性，是否还需要第四个标准来定义知识。盖梯尔的贡献不仅在于质疑了柏拉图的知识定义，更重要的是，他引发了关于知识是否能够被完全定义的深刻讨论。

许多哲学家都曾尝试解决盖梯尔问题，但都失败了。

伊曼努尔·康德

1724—1804

伊曼努尔·康德一生都居住在波罗的海港口城市哥尼斯堡（今俄罗斯加里宁格勒）。他的生活极有规律，市民们甚至根据他每天散步的时间来校准自家的钟表。在做了近十年的家庭教师后，他成为哥尼斯堡大学的一名无薪讲师，收入仅来自听课的学生。后来，他成为这所大学的教授。

心灵的重要性

在1781年出版的《纯粹理性批判》中，康德提出了一个革命性的观点：解决哲学问题的关键不在于观察外部世界，而在于审视自己的心灵。他认为，哲学应当专注于理性的运用，这种运用是独立于经验之外的。

我们对世界的体验分为两种

康德将人类对世界的认知划分为两种基本形式：直觉（即直接的感官感知）和理解（即运用概念对感知内容进行加工的能力）。他强调，如果没有概念的参与，单纯的感官直觉将毫无意义。举例来说，当我们看到建筑物的两面墙时，是心灵中的概念系统帮助我们构建出完整的建筑物形象。

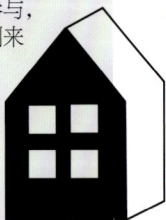

"道德并非让我们如何获得幸福的信条，而是让我们如何配得上幸福的准则。"

绝对命令

在1788年至1790年间，康德相继发表了《实践理性批判》和《判断力批判》，进一步完善了他的哲学体系。他提出了著名的"绝对命令"概念，主张人们的行为准则应当具有普遍性，能够成为放之四海而皆准的道德法则，而不是基于个人欲望或动机。

本体与现象

康德在认识论上提出了著名的二元划分：现象世界（我们可以感知和体验的领域）和本体世界（物自体，即独立于我们认知之外的实在）。他认为人类的认识能力存在固有局限，我们只能认识现象世界，而无法触及物自体的本质。

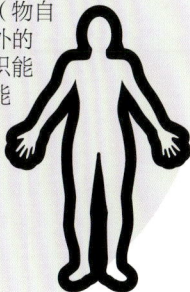

康德在天文学领域也做出了重要贡献。他参与发展了星云假说，该理论认为太阳系是由巨大的气体云演化形成的。

你永远不可能知道

我们一直在不断地探索宇宙的奥秘，但似乎总有更多未知等待我们去发现。也许，知识的边界是无限的。一些哲学家不禁提出疑问：我们是否有能力知晓世间万物的一切，还是说，有些事情我们永远都无法知晓。

经验的局限

自中世纪以来，科学技术的突飞猛进让我们产生了能够最终认知一切的错觉——似乎唯一的限制只在于宇宙本身的大小。然而，约翰·洛克在《人类理解论》中对此提出了深刻质疑。作为经验主义的代表人物，洛克提出了著名的"白板说"：人类出生时的心灵如同一张白纸，所有知识都通过五种感官从经验中获得。由于我们获取外界信息的唯一途径是感官，因此现实中的某些部分可能永远对我们保持神秘。洛克通过生动的例子说明了这一点：盲人可以通过嗅觉感受花香，通过触觉感受阳光的温暖，通过听觉聆听雨声，却永远无法直接感知月亮和星星的存在。同样，我们对现实的认识也受限于直接感知的范围，或是基于可感知事物进行的推论（如未观测到的星系或微观粒子）。然而，现实世界中可能存在着远超我们认知能力的内容。

认知的局限

18世纪哲学家伊曼努尔·康德对人类认知能力进行了深入探讨，进一步发展了洛克关于认知局限性的观点。与洛克相似，康德认识到人类的感官和理性能力

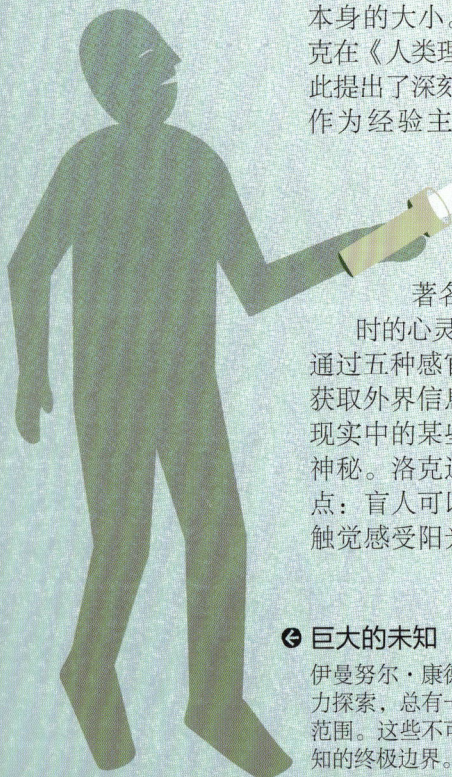

⬅ 巨大的未知

伊曼努尔·康德认为，无论人类如何努力探索，总有一些领域超出我们的理解范围。这些不可知的事物构成了人类认知的终极边界。

任何人的知识都不可能超出他的经验。

约翰·洛克

全部

是否存在永远无法被认知的现实领域?

尽管伊曼努尔·康德一生未曾离开过故乡哥尼斯堡,却通过深邃的思考探索了人类认知的边界。

存在固有局限,这些局限决定了我们知识的边界。康德还指出,我们通过感官获得的经验并不等同于客观现实本身。康德用了一个生动的比喻:我们的认知机制就像一台摄像机,它能够捕捉现实的某些方面,产生与真实世界相似的"表象",但这种表象既不能完全反映现实,也无法涵盖现实中的所有内容。更值得注意的是,我们的认知过程可能会在经验中添加现实中并不存在的内容(如各种错觉)。

两个认知维度

康德提出了著名的二元论:他将我们能够感知的世界称为"现象界",而将事物的真实本质称为"物自体"(本体界)。这两个领域就像存在于不同的维度。现象界,这是我们的感官和理性能够把握的世界,受限于我们的认知能力。我们所有的知识和理解都局限于这个领域。本体界,这是事物真实存在的领域,但由于人类认知能力的局限,我们永远无法直接体验或理解这个层面。康德的这一理论揭示了人类认知的根本局限:我们所能理解和体验的仅限于现象界——即存在于我们感知中的时空世界。而事物的真实本质(本体界)将永远超出我们的认知范围。这不仅意味着有些事情我们永远无法知晓,更令人深思的是,我们甚至无法想象自己不知道的是什么,因为这些未知从根本上就超出了我们的理解能力。

参见: 24~25

> 正是出于对**认知界限**的认识,哲学才得以存在。
>
> 伊曼努尔·康德

未知的未知

美国前国防部长唐纳德·拉姆斯菲尔德在谈到我们知识的局限性时曾说:"有已知的已知,即我们知道自己知道的事情。有已知的未知,也就是说,我们现在知道自己不知道的事情。但还有未知的未知——有些事情我们不知道自己不知道。"

真理

真理

真理

我们是否真的知道真相？

哲学探究本质上是对真理的不懈追求，然而哲学家们始终在争论一个问题：我们的真理观念究竟能在多大程度上反映现实？这一争论揭示了一个深刻的洞见：虽然某些终极真相可能永远无法被我们完全把握，但在实践中，我们仍然需要依赖某些可以被接受为真实的事物来指导生活。

参见：32~33，44~45

合理的解释

人类对知识的渴求是哲学探索的根本动力，这种渴求往往通过获得我们认为是真实的认知而得到满足。然而，关于我们是否能够真正把握事物的真实性，哲学家们始终争论不休。19世纪末，美国哲学家查尔斯·桑德斯·皮尔士（Charles Sanders Peirce）对这一传统认知提出了革命性的挑战。皮尔士认为，许多哲学争论往往陷入无解的困境，而实际上，追求绝对的真实性在大多数情况下既不现实也不必要。他指出，我们真正需要的往往不是一个确凿无疑的答案，而是一个令人信服的解释。如果一个信念对我们有用，并且能够指导我们的行动，那么它是否完全符合现实就变得不那么重要了。关键在于，这个信念所带来的实际效果和影响。基于这一洞见，皮尔士提出，知识不是由确凿无疑的事实构成的，而是由一系列合理解释组成的集合。这一思想奠定了实用主义哲学的基础，将哲学的关注点从追求绝对真理转向了改善现实生活。实用主义者主张，哲学的首要任务不是构建一个完全真实的宇宙图景，而是提供能够帮助人们更好地理解和应对现实生活的思想工具。

> 真理是偶然与某个观念相遇的。它因事件而成为真实，被事件所证实。
>
> 威廉·詹姆斯

真实还是有用

皮尔士提出的真理观彻底颠覆了传统认知。他认为，我们所认定的"真实"并非永恒不变的事实，而是一系列合理解释的集合。这种观点与传统哲学中认为真理是固定不变的观念形成了鲜明对

真理

真理

◐ 相信真理

尽管宇宙本身并未改变，但我们对它的认知却在不断变化。实用主义者认为，如果一个信念能够帮助我们更好地生活，那么它是否绝对真实就变得不那么重要了。

信仰

真相就在某处——我们必须去寻找它。

实用主义者遭到一些哲学家的批评，认为其放弃了追求真理的崇高使命。

森林小径

为了解释实用主义，威廉·詹姆斯讲述了一个人在森林中迷路的故事。这个人又累又饿，突然发现了一条小径。他可以选择相信这条小径能带他走出森林，找到食物和庇护所，并沿着它走下去。或者，他也可以选择不相信，留在原地，最终饿死。无论他做出哪种选择，这个选择最终都会被证明是"正确"的。

我们并不解决哲学问题，而是越过了它们。

约翰·杜威

比。皮尔士主张，随着认知的发展，当我们找到更好的解释时，原有的"真实"解释就可以被替代。威廉·詹姆斯（William James）进一步发展了这一思想，提出了更具革命性的观点：真理的价值在于其实用性。他认为，只要一个观念对我们有用，它就是真实的；当它失去实用性时，它就不再真实。这种观点通过科学史上的经典案例得到了诠释：地心说曾经是人类理解宇宙的"真实"解释，但随着天文观测数据的积累，日心说因其更强的解释力而取代了地心说的地位。而宇宙本身并未改变，改变的是人类理解宇宙的方式。詹姆斯强调，这种实用主义的"真实"与客观事实是不同的概念。我们不必过分纠结于一个观念是否完全符合客观现实，而应该关注它是否能够有效地指导我们的实践。正是信念的实用价值和我们如何运用这些信念，赋予了它们"真实"的地位。

实践哲学

实用主义哲学的核心在于揭示真理与实用性之间的内在联系。皮尔士强调，知识的获得不仅仅依赖于被动的观察和抽象的思考，更重要的是通过实践——即积极检验知识的实用价值，并评估接受某个观念为真所带来的实际影响。这一思想在约翰·杜威（John Dewey）那里得到了进一步发展，他将实用主义原则应用于日常生活，特别是在政治和教育领域。杜威倡导"做中学"的教育理念，反对机械的记忆学习，因为实践性学习能够激发我们主动发现事物的有用解释，而不是被动接受现成的知识。实用主义在20世纪的美国哲学中占据了重要地位。美国哲学家们逐渐摆脱了欧洲传统哲学中过于抽象的问题，转而采用更加务实的方法。正如杜威提出的评判标准："一个哲学理论是否成功，取决于它是否有助于我们理解经验，还是让经验变得更加困惑。"

亚里士多德坚信，人类的所有知识都源于对自然界的经验观察。这一信念驱使他系统性地研究自然世界，并将观察结果进行系统分类。他的工作为现代分类学奠定了基础，建立了界、门、纲、目、科、属、种等生物分类体系。

自然秩序

实践中的

哲学和知识

生活和学习

关于知识来源的哲学探讨——无论是强调理性推理还是经验积累——深刻影响了心理学中学习理论的发展。这些理论进而成为现代教育方法的基础。传统的机械记忆式学习（通过重复强化）逐渐被更注重实践体验的教学方法所取代。

寻找意义

认知心理学深入研究心智与感官之间的复杂互动。这一领域帮助我们理解：心智如何解读感官信息（感知过程）；感知系统如何产生错误（如视觉错觉）；认知过程如何影响我们对世界的理解。

遗传学的发展为"先天与后天"的古老争论注入了新的活力。研究表明，基因因素在决定人类行为方面可能比我们原以为的更为重要。这一发现重新引发了关于人类能力来源的讨论，特别是像语言学习这样的复杂认知能力，很可能是人类与生俱来的天赋。

先天和后天

在司法领域，知识、信仰和真理的问题具有特殊的重要性。证人宣誓时承诺说出"全部真相"，但实际上只能陈述他们自认为真实的内容。判断证言的可信度——包括证人的诚信度和陈述的可靠性——则成为法官和陪审团的重要职责。这一过程深刻体现了认识论在实践中的应用。

全部真相

认识论作为研究知识的哲学分支，与心理学及认知科学有着密切的联系。它不仅探讨我们如何感知和学习周围世界，还为我们在真理与信仰之间做出明智决策提供了理论指导。

正确决策

在民主选举中，认识论的原理可以帮助选民做出更明智的选择。通过分析候选人的政策主张是基于经验证据和理性论证，还是仅仅源于意识形态信仰，选民能够更好地评估政策的可行性和合理性。

什么是现实?

宇宙是由什么构成的？

宇宙有结构吗？

什么是真实的存在？

我们所知的世界是幻象吗？

我们如何知道事物的存在？

上帝存在吗？

科学并不能解答所有问题

什么是时间？

人类存在的意义是什么？

形而上学起源于哲学家们最早提出的一个问题：宇宙究竟是由什么构成的？形而上学作为哲学的一个分支，专注于探究存在——即实际存在的事物，它们存在的本质、存在的形态，以及现实究竟是由物质实体、非物质观念，还是这两者的某种结合所构成的。

宇宙是由什么构成的？

当最早的哲学家们开始审视他们所处的世界时，一个基本的问题自然而然地浮现出来：存在的事物究竟是由什么构成的？这个问题不仅开启了哲学的一个重要分支——形而上学，也促使人们深入探索存在的本质。

宇宙的本质

在米利都，这个如今位于土耳其境内的古希腊沿海城市，孕育了已知的最早一批哲学家。其中，泰勒斯作为天文学家和工程师，对宇宙的构成产生了浓厚的兴趣。面对世界万物的多样性，他提出了一个令人惊讶且富有洞察力的理论：万物皆源于水。他认为，水是所有生命的基础，陆地似乎从海中涌现，且水能以液态、气态和固态存在，因此万物在其存在的某个阶段都必然与水有关。泰勒斯的思想影响了后来的哲学家，如阿那克西曼德，他进一步

> ## 万物皆源于水。
>
> 米利都的泰勒斯

思考，如果地球由水支撑，那么水本身又由何物支撑？随后，更多哲学家提出了各自的解释，如阿那克西美尼认为，地球飘浮在空气中，因此空气可能是宇宙的唯一物质。

有与无

在早期哲学中，一元论——宇宙本质上由单一物质构成——占据了主导地位，并与宇宙根本性质不变的观点紧密相连。巴门尼德通过推理证明了这一点。他提出，事物不可能同时存在又不存在，因此"无"的状态是不存在的。由此，存在的事物不可能从无中产生，也不可能变成"无"，因此宇宙必然充满了某种永恒不变的物质。

深远的思想

早期希腊哲学家的思想产生了深远的影响。恩培多克勒提出的四种基本元素（火、水、土、气）观念，经过演变，成为现代化学的基础，现代化学仍在使用"元素"这一术语。同时，现代物理学也吸纳了原子论者关于粒子的理论中的思想和术语。甚至在现代物理学中，万物最终都是由一种物质（能量）构成的观点也重新出现。

…四大元素……　　　或是无数微小的粒子……

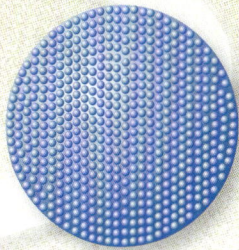

宇宙是由什么
构成的呢?

或是一种基本的、不可再分的物质……

◀ 一种、四种还是很多种?

早期哲学家们推理, 宇宙完全是由水
构成的, 或者是由火、水、土、气这
四种元素构成的, 又或者是由微小的
原子构成的。这些早期的某些观点至
今仍在被人们讨论和辩论。

泰勒斯成功
地预测出日食,
方法至今仍是
个谜。

由德谟克利特和留基波(两
人被誉为原子论者)提出。
他们认为, 世间万物皆由微
小、恒定且不可摧毁的粒子
——原子构成。这些原子在
广阔无垠的虚空中自由穿梭,
并相互结合, 进而形成了我们在世
界上所发现的各类物质。而当这些物质消
亡或腐朽时, 原子会重新排列组合形成新
的物质。

元素与原子

巴门尼德曾就宇宙本质的不变性提出了一个引人深
思的论点, 然而, 并非所有人都对此表示赞同。恩
培多克勒便是其中一位持不同意见者。他认为, 巴
门尼德的理论难以全面阐释我们所见的世界上纷繁
复杂的事物, 也无法合理解释世界为何似乎总在持
续变化。恩培多克勒主张, 宇宙并非由单一基本物
质构成, 而是由四种他称为"元素"的物质组合而
成的: 火、水、土、气。尽管这些元素本身恒定不
变, 但它们能够以不同的比例相互组合, 从而孕育
出世界上形态各异的万物, 并且这些组合无时无刻
不在发生变化。与此同时, 另一种截然不同的理论

参见: 42~43, 66~67

除了原子和虚空, 别无他物; 其余一切皆为人们的看法。

德谟克利特

亚里士多德的四因说

➡ 质料因（Material Cause）

万物皆由某种物质构成。以制作家具为例，木材便是其中一种常用的材料。这些木材来源于树木，是构成家具的物质基础。

➡ 形式因（Formal Cause）

接下来，事物需要以某种特定的方式组合起来，即具有一定的形式。在制作椅子的过程中，设计图或方案便展示了如何将木材组合在一起来制作一把椅子。

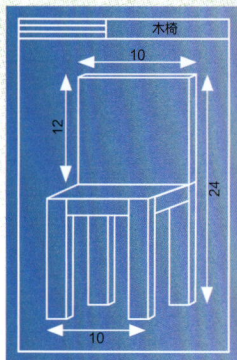

木椅
10
12
24
10

宇宙有结构吗?

我们生活在一个既复杂又不断变化的宇宙中。早期哲学家们为了理解宇宙，试图探究万物由何构成，并好奇宇宙是否真的像我们看到的那样混乱无序，还是隐藏着某种潜在的结构。如果存在这样的结构，那么它是由什么引起的？它是否有其特定的目的？

数学规则

自哲学诞生之初，人们便开始意识到，在这纷繁复杂的世界中，似乎隐藏着一种可识别的结构。泰勒斯及其追随者根据对世界的直观理解，提出了各种世界模型，有的将世界描绘为漂浮在广阔海洋上的一块陆地，有的则想象它是一个悬挂在空中的鼓形

> ## 人是**宇宙**的缩影。
>
> **德谟克利特**

或扁平圆盘。随着认识的深入，这些解释逐渐扩展到了整个宇宙。人们已经观察到了太阳、月亮、行星和恒星运动的规律性，但哲学家毕达哥拉斯却给出了更为深刻的解读。毕达哥拉斯对数学极其痴迷，他发现几何形状遵循着严格的数学规则，并据此推断，天体所形成的形状也同样遵循这些规则。他还发现，听起来和谐的音符对应着一种特定的数学比例模式（参见"天体的和谐"）。因此，毕达哥拉斯得出结论：宇宙中的一切，包括天体的位置和运动，都受到数学规则的支配，宇宙的结构也可以用数学术语来描述。

天体的和谐

毕达哥拉斯通过对不同长度的振动弦进行实验，发现了音乐音阶中音符之间的数学关系。他进一步推断，天体与地球之间的距离对应于能够相互和谐振动的弦的长度，从而在宇宙中创造了他所称的"天体的和谐"。

动力因（Efficient Cause）

为了使某物发生变化或实现某种目的，必须有一个外部因素或事件来促成这一变化。在这个例子中，木匠便是按照椅子的设计方案来塑造木材的动力因。

目的因（Final Cause）

万物的创造都有其特定的原因和目的。这把椅子被制作出来，是为了满足人们使用的需求，这就是它的目的因。

原子论

在毕达哥拉斯通过数学和天文学深入探索宇宙结构的同时，其他哲学家则从更微观的角度对宇宙进行了剖析。恩培多克勒尝试从火、水、土、气这四种基本元素的不同结合方式中，揭示万物的构成奥秘。而原子论者德谟克利特和留基波则提出了一个更为革命性的观点：宇宙是由无数种类和形状各异的粒子——原子构成的。他们认为，无论是生物还是无生命物体，都是由这些原子以特定方式自然结合而成的，而万物的结构正是由这些原子的结合方式所决定的。原子论者当时的一个独特且前卫的观点是，原子是不变且永恒的，因此它们及其所构成的结构并非由任何外部力量引起，也没有特定的目的。

做出了卓越的贡献，他致力于确定他所称的"原因"。然而，他对"原因"一词的理解与我们日常所理解的"原因"略有不同。他所说的某物的"质料因"指的是构成该物的物质基础。而"形式因"则是指这些物质以何种方式组合在一起，即它的形式或结构。亚里士多德认为这背后遵循着某些自然原理和法则。"动力因"则与我们日常所说的"原因"较为接近，它指的是导致变化、使某物产生或从一物转变为另一物的因素。至于"目的因"，亚里士多德认为它是一物之所以产生以及它的用途或目的所在。他坚信，任何事物的产生都必须同时具备这四个原因。

> 在哲学家出现之前，人们普遍将太阳、月亮、行星和恒星的运行与神灵相联系。

参见：40~41

四因说

对于许多哲学家而言，仅仅揭示宇宙具有结构是远远不够的，他们更渴望理解宇宙是如何形成的，以及这一切的背后究竟有何目的。亚里士多德在这一领域

数字是形式与理念的统治者。

毕达哥拉斯

什么是**真实**的存在?

在探讨存在这一命题时,人们往往首先想到的是具有物质实体的客观事物。然而,现实世界中还存在着观念、思想和记忆等看似非物质的存在。虽然我们无法直接观察或触摸这些存在,但这并不意味着它们就不真实。那么,究竟什么才是真实的存在呢?

> 无论是**精神世界**或**意识世界**,还是**物质世界**或**物体世界**,它们的存在都需要一个起因。
>
> 大卫·休谟

物质世界

关于真实性的讨论,最直观的回答是:那些能够被我们直接感知和接触的物质实体构成了真实世界。部分哲学家主张,现实仅包含能够被感官直接感知的物质存在,即物质世界。正如唯物主义者所坚持的,他们认为不存在所谓的非物质世界——现实世界中一切存在都具有物质基础。这一思想可以追溯到古希腊哲学家德谟克利特和留基波,他们提出宇宙中只存在原子和虚空。伊壁鸠鲁在此基础上进一步发展,论证了包括灵魂在内的非物质存在的不可能性。然而,直到科学取代宗教成为认知世界的主要方式后,唯物主义才真正成为主流哲学思想。19世纪德国哲学家路德维希·费尔巴哈和卡尔·马克思继承并发展了这种唯物主义观点,他们明确反对传统宗教对非物质世界的描述。

意识世界

与唯物主义相对立的是唯心主义的观点:现实本质上是非物质的——物质实体并非真实存在。这一观点以乔治·贝克莱的论述最为著名。他认为,人类所感知的并非物质世界中的客观事物,而是存在于意识中的观念。因此,现实仅由观念和感知这些观念的心灵构成,所谓的物质实体并不存在。贝克莱提出"存在即被感知"的著名论断:一个观念要存在,就必须被感知。这自然引出一个问题:当某物不被感知时,它是否仍然存在?例如,公园里的一棵树,当无人观察时,它是否依然存在?作为基督教主教的贝克莱给出了肯定的回答:树依然存在,因为上帝始终在感知着一切。

物质世界

物质世界是由我们通过感官能够直接感知的客观事物构成的。这个世界中的每一个存在都具有其物质基础。

参见:18~19, 20~21

事物存在吗?

现实的全貌

然而，大多数哲学家都承认物质世界的存在，同时也认可非物质事物的现实性。柏拉图认为，我们所生活的日常世界只是理念世界的"复制品"，这一观点被基督教和伊斯兰教的哲学家们所采纳。所有主要宗教都将尘世与另一个理想世界进行对比。勒内·笛卡儿也总将现实描述为由两个独立的世界组成：物质世界和理想世界。甚至持怀疑论的休谟也没有否认非物质事物的现实性。对现实最具影响力的描述来自伊曼努尔·康德。他提出，我们可以通过感官和心灵体验到一个包含物质和非物质事物的世界，但这只是全部现实的一部分——还有一些我们无法了解的事物，但它们确实存在于现实中。

在日常生活中，我们常常将唯物主义者理解为那些更看重物质生活而非精神追求的人。

> 我深信，哲学家们所谓的物质实体并不存在。
>
> 乔治·贝克莱

约翰逊的反驳

尽管贝克莱的唯心主义理论逻辑严密，但大多数人凭直觉很难接受物质世界不存在的观点。作家塞缪尔·约翰逊用了一个简单而有力的方式来表达反对意见：他用力踢向一块大石头，当靴子被石头弹回时，他说："我就这样反驳它。"这个例子体现了人们对物质世界真实性的本能认知。

意识世界

世界是由我们的心灵所感知的观念构成的。这个世界中的一切存在都不具有物质实体。

爱

时间

事实

如果这些事物没有物质形态……

我们所知的世界是**幻象吗?**

自古以来，哲学家们就意识到我们对世界的认知往往是不完整且容易出错的。从最早的古希腊哲学家开始，他们就一直在探讨：我们通过经验和推理形成的世界观，究竟能在多大程度上准确反映现实?

参见: 16~17, 20~21, 24~25

约翰·洛克因思想与国王相悖而逃离英国长达五年。

感官的局限

许多哲学家认为，我们的感官体验——视觉、听觉、嗅觉、味觉和触觉——给予我们的现实认知可能存在偏差。柏拉图提出，我们生活的世界只是完美理念世界的投影，感官无法触及那个由纯粹理念构成的完美世界，只有通过理性思维才能把握。这一观点在勒内·笛卡儿的理性主义哲学中得到进一步发展。不过，与柏拉图不同，笛卡儿并不认为物质世界是理念世界的"影子"。在他看来，问题不在于世界本身，而在于我们的感官可能产生错觉，无法完全信赖。相比之下，他认为理性思维更为可靠，能够帮助我们更好地认识事物的本质。

物质世界的本质

然而，经验主义哲学家们则持不同观点。他们认为现实仅存在于我们通过感官体验的物质世界，理性只是用来解释感官信息的工具。约翰·洛克是这一观点的代表人物，他将我们对物质世界的体验分为两种性质：第一性质是物体的客观属性，如大小、重量、位置和运动，这些属性独立于观察者；第二性质则是主观感受，如味道、气味和颜色，这些可能因人而异。洛克认为，我们可以准确认知物体的第一性质，但对第二性质的感知则可能与物体本身存在差异。

> 存在**两个世界**：一个是我们通过感官直接体验的**经验世界**；另一个是"**物自体**"的世界，即事物本身存在的世界。
>
> 伊曼努尔·康德

⊙ 两个世界，一个心智

亚瑟·叔本华认为，现实由两个层面构成。一方面，存在着一种普遍的自然力量——意志，这是驱动宇宙万物的根本力量；另一方面，则是我们通过感官所体验到的物质世界。

我们这个世界，尽管拥有太阳和银河，显得如此真实，依旧是虚无的。

亚瑟·叔本华

你通过自己的意志体验世界……

而你观察到的只是世界的一种表象……

围，无法被直接体验。亚瑟·叔本华继承并发展了康德的思想，同样认为现实由可体验与不可体验的世界构成。他指出，我们既将自己的身体视为世界中的客体，又能意识到驱动身体行动的意图——我们的意志。叔本华认为意志是"物自体"的一种表现，并由此得出结论：现实由物质世界（他称之为"表象世界"）和一种潜在的、普遍的自然力量——意志世界共同构成。虽然我们无法直接体验意志世界，但通过自我意识，我们能感知到自己的意志，而这一意志正是普遍存在于万物之中的统一意志的一部分。

有志者，事竟成

尹曼努尔·康德提出了一种融合理性主义与经验主义的独特解释。他摒弃了我们可以通过感官或心智体验两个截然不同世界的观念。康德认为，我们天生就具备对时空中的物体属性的认知能力，并运用这些先验知识来解释感官信息。他提出，虽然"物自体"的世界确实存在，但它超出了我们的认知范

东西方交融

亚瑟·叔本华的哲学思想与东方智慧产生了深刻的共鸣。他提出的"个体意志是普遍意志的一部分"的观点，与印度哲学中的现实概念惊人地相似。在印度教和佛教的教义中，我们所体验的世界被视为幻象，它遮蔽了我们对永恒、普遍实相的感知。唯有通过修行觉悟，才能超越生死轮回，体悟到万物归一的终极实相。

柏拉图

约公元前420—前347

柏拉图出生于古希腊城邦雅典，其早年生活鲜为人知。据传，他曾研习诗歌与音乐，在科林斯地峡运动会上参加摔跤比赛，并曾在雅典军队服役。出身名门的柏拉图原本可能走上古希腊政坛，直到他成为苏格拉底的门徒，人生轨迹由此改变。

苏格拉底的遗产

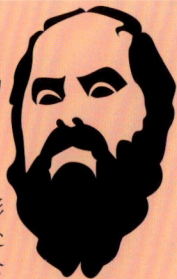

柏拉图深受其恩师苏格拉底的影响。公元前399年，苏格拉底被处死后，柏拉图选择离开雅典的公共生活，开始了长达十余年的游学之旅。他先后到访意大利、埃及和利比亚等地。在创作哲学著作时，柏拉图从不直接表达自己的观点，而是通过撰写对话录来记录苏格拉底与不同人物在公共场合进行的哲学探讨。

柏拉图学园

公元前387年，柏拉图重返雅典，创立了西方历史上第一所高等学府——柏拉图学园（The Academy）。这所学校开创性地将天文学、数学与哲学研究相结合。学园吸引了众多杰出学者，其中最著名的学生包括亚里士多德和色诺克拉底。值得一提的是，学园也向女性开放，如来自弗利乌斯的阿克西奥西娅就曾在此求学。柏拉图去世后，其侄子斯彪西波继承学园，使这一学术机构得以延续300余年。

理念世界

柏拉图哲学体系的核心是"理念论"。他认为，我们所感知的物质世界只是完美理念世界的投影，理念世界中的每个事物都是永恒且完美的原型。为了阐明这一思想，柏拉图在《理想国》中讲述了一个著名的洞穴寓言：被锁链束缚的囚徒只能看到洞穴墙壁上的影子，误将这些投影当作真实。

关于失落之城亚特兰蒂斯的传说，最早见于柏拉图的两篇对话录《蒂迈欧篇》和《克里提亚篇》。

"**好人**对公共事务**漠不关心**的代价，就是被**恶人统治**。"

《理想国》

作为西方哲学史上最具影响力的思想家之一，柏拉图留下了30多部对话体著作。其中，《理想国》（约写于公元前380年）堪称其代表作。这部作品深入探讨了正义的本质、个人德性的培养，以及理想城邦的构建。柏拉图在书中提出：正义的生活与幸福的生活密不可分。

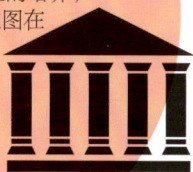

我们如何知道事物

在探索存在本质的过程中，哲学家们常常借助思想实验来质疑我们对现实的认知。这些实验往往从一个基本前提出发：我们唯一能够确定的就是自身的存在。基于这一确定性，哲学家们构建了关于我们如何认识其他事物存在的理论体系。

飞人实验

11世纪，伊斯兰哲学家伊本·西那（拉丁语名叫阿维森纳）提出了著名的"飞人"思想实验。他设想一个人悬浮在空中，双眼被蒙蔽，身体与外界完全隔离，无法通过感官获取任何信息。即便如此，这个人仍然能够意识到自我的存在。阿维森纳通过这个实验试图证明灵魂的存在及其与肉体的区别。约600年后，勒

内·笛卡儿提出了类似的"邪恶恶魔"假说，通过设想一个欺骗所有感官的恶魔，来质疑一切可被怀疑的事物，最终确立"我思故我在"的哲学基础。然而，这些实验仅能证明心灵或灵魂的存在，而无法证实物质世界的真实性。

据阿维森纳自述，他在十岁时就已经能对整本《古兰经》熟读成诵，牢记于心。

参见：18-19

缸中之脑

20世纪80年代，美国哲学家希拉里·普特南对这一传统思想进行了现代诠释。他提出了"缸中之脑"假说：设想我的大脑被科学家取出，置于营养液中存活，并连接到一台计算机。这台计算机通过电信号模拟所有感官体验，使我无法分辨虚拟与现实。在这个思想实验中，外部世界虽然存在（包括科学家、

你真的在体验生活，还是仅仅是一个"缸中之脑"？

与世界连线

希拉里·普特南描述了一种思想实验。在这个实验中，我们以"缸中之脑"的形式存在，并且与计算机相连通，从而致使我们认为自己正身处外部的真实世界中。

的**存在**?

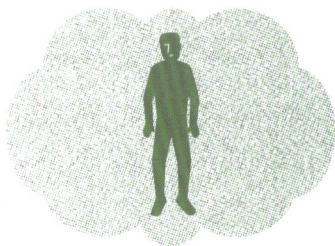

我思故我在。

勒内·笛卡儿

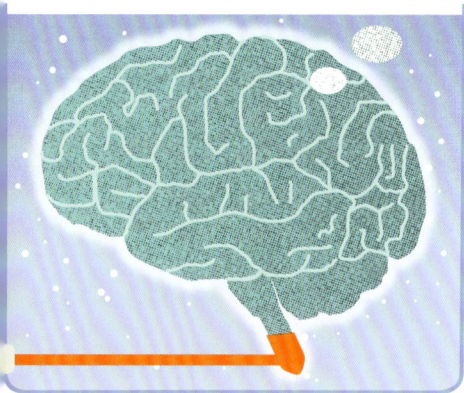

计算机和营养缸），但我只能感知到大脑接收到的虚拟现实。这个假说深刻质疑了我们对现实世界的认知能力。

境揭示了一个根本性的哲学难题：我们如何确信自己所经历的世界是真实的？在获得确凿答案之前，关于现实本质的哲学辩论必将持续下去。

我们无法确定

笛卡儿和普特南的思想实验并非旨在否定现实，而是将怀疑论作为认识论的起点，以此确立我们认知的边界。这些实验所描绘的情境确实引发了深远的哲学思考。"邪恶恶魔"和"缸中之脑"这两个生动的隐喻，以其强大的说服力挑战着我们对现实的认知。尽管我们难以找到确凿证据来反驳这些假设，但同样也无法证实它们就是现实。这种认知困

《黑客帝国》

《黑客帝国》三部曲成功地将哲学思想实验引入了大众文化领域。这部科幻电影系列巧妙地诠释了模拟现实的哲学命题：在电影设定的未来世界中，具有自我意识的人工智能系统通过神经接口控制人类大脑，使人类沉浸在精心构建的虚拟现实中，完全意识不到自己实际上被囚禁在营养舱中的真实处境。

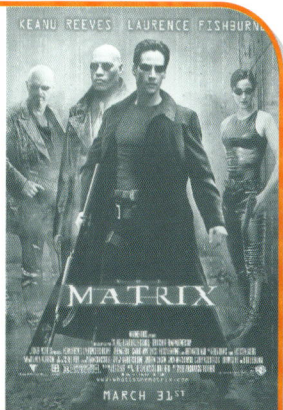

上帝存在吗？

在探索宇宙本质和存在意义的过程中，哲学家们始终关注着万物起源的问题。许多思想家相信是上帝创造了宇宙，并提出了各种论证来支持这一观点。

原因与目的

关于造物主存在的论证可以追溯到柏拉图和亚里士多德的哲学思想。中世纪基督教哲学家在调和信仰与理性的过程中，进一步发展了这些论证。其中一个核心问题是：为什么存在万物而非虚无？"宇宙论论证"认为，宇宙不可能自我产生，必然存在一个创造者作为第一因。尽管有人质疑这个第一因本身也需要原因，但支持者认为存在一个无因之因，即上帝。另一个重要论证是"目的论论证"（或称设计论证），它指出宇宙中存在着精妙的规律性，如地球的公转轨道、生物的生长规律等。这些规律性暗示着宇宙是由一个有智慧的设计者创造的，即上帝。

> 有一物存在，它是**万物存在**的原因，也是所有美好与完美的原因——我们称之为**上帝**。
>
> 托马斯·阿奎那

邪恶问题

"邪恶问题"是哲学史上最著名的神学难题之一，这个悖论可以概括为：如果上帝是全能的，他应该能够阻止邪恶；如果他是仁慈的，他应该愿意阻止邪恶。然而，现实中邪恶依然存在。这导致了三种可能性：要么上帝愿意但无力阻止邪恶（非全能），要么有能力但不愿阻止（非仁慈），要么既不愿阻止也不能阻止（不值得崇拜）。

根据这些论证……

目的论论证

宇宙及其间的万物都是根据特定的计划或目的而设计的。这位设计者就是上帝。

完美存在

中世纪神学家托马斯·阿奎那在其《神学大全》中提出了著名的"五路论证"（*Quinque viae*），试图从哲学角度证明上帝的存在。其中，他借鉴了柏拉图和亚里士多德的目的论和宇宙论思想，同时吸收了11世纪圣安瑟伦的本体论论证。安瑟伦将上帝定义为"无法设想比之更伟大的存在"，并由此推论：既然我们能够构想这样一个完美存在，而现实中存在的完美存在必然比仅存在于思维中的完美存在更伟大，因此上帝必然存在。这个论证试图通过纯粹的逻辑推理确立上帝的存在。

托马斯·阿奎那相信，世间一切生命皆有灵魂，植物也不例外。

未得证实

然而，这些论证并未获得普遍认同。即使是信仰者也对这些论证的有效性提出质疑。安瑟伦的本体论论证虽然在逻辑上自洽，但其前提——人类能够构想最伟大的存在——本身就值得怀疑。宇宙论论证假设因果链条必然需要一个第一因，但这个假设本身缺乏依据。目的论论证也只能暗示而非确证设计者的存在。到19世纪，随着理性主义和科学思想的发展，越来越多的哲学家对上帝存在的可证明性持怀疑态度。普遍认为，上帝存在与否的问题应当归于信仰领域，而非哲学论证的范畴。

参见：112~113, 140~141

> **我们无法想象比上帝更伟大之物的存在。**
>
> 圣安瑟伦

上帝是"真实存在"的……

本体论论证

我们可以设想一个最伟大、最完美的存在（上帝）；真实存在的存在者必然比仅存在于想象中的存在者更伟大；因此，这个最伟大的存在必须真实存在。

宇宙论论证

一切存在的事物都有其原因。宇宙存在，因此必定有其原因。必须存在一个无因之因，即上帝。

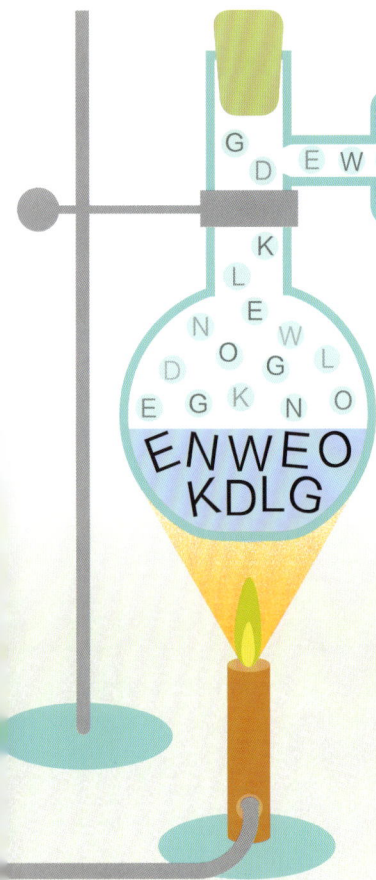

科学并不能**解答**所有问题

关于宇宙的许多原始问题似乎已被科学所解答，而新的科学发现进一步解释了我们周围的世界。然而，似乎总有更多有待发现的内容，也可能总有一些科学无法回答的问题。

弗朗西斯·培根是英格兰女王伊丽莎白一世和国王詹姆士一世的顾问。

科学方法

西方哲学始于对物质宇宙的构成和结构的探索。哲学家们运用理性思维，基于观察发展出逻辑论证，提出了日益精密的自然理论。这一观察与推理的过程，最初由亚里士多德系统化为探究方法，后来演变为"自然哲学"，即现代科学的前身。16世纪见证了诸多科学突破：哥白尼的日心说、维萨里的人体解剖研究等，确立了科学而非宗教作为认识自然的主要途径。

然而，哲学家弗朗西斯·培根认识到，单凭观察不足以确立普遍真理，必须建立通过实验验证理论的科学方法框架。

科学进步

科学方法的建立推动了科学革命的到来。科学家们揭示了宇宙的基本原理：物理定律、化学规律和生命法则。新发现催生新理论，每个理论都比前一个更加精密。哲学家托马斯·库恩指出，重大科学突破往往带来思维方式的根本

> 所有的**方法论**，即使是最浅显易懂的方法论，都有其**局限性**。
>
> 保罗·费耶阿本德

我们通过方法寻求知识。

参见: 84~85, 100~101

> 只有当科学家必须在不分伯仲的理论之间做出选择时，他们的行为才像**哲学家**。
>
> 托马斯·库恩

知识检验 →

科学理论的确立依赖于严格的检验过程。科学家通过反复的实验和观察来验证理论的预测能力。如果一个理论在多次检验中无法通过，就必须进行修正或被更优越的理论取代。

知识

转变，即"范式转换"。从牛顿力学到爱因斯坦相对论的转变就是典型例证，展现了科学认识的不断深化。然而，保罗·费耶阿本德强调，这种转变往往伴随着概念和方法的根本改变，因此不存在永恒的真理框架。

我们对物质世界和精神世界的认识，但诸如道德价值、存在意义等根本性问题似乎远超出了科学的解释范畴。

未解之谜

科学革命以来，随着物理学和化学逐步解答了关于宇宙物质构成和结构的基本问题，哲学的关注重点发生了显著转变。哲学家们更多地聚焦于存在的本质和意义等形而上学问题，而非物质世界的构成。近年来，心理学和神经科学的突破为我们理解人类行为、大脑机制和认知过程提供了新的视角。然而，科学的解释力并非无限。尽管科学不断深化

宇宙大爆炸

科学解释往往引发更深层的哲学思考。大爆炸理论为我们提供了宇宙起源的科学解释，但同时也带来了新的问题："大爆炸之前是什么？"以及"是什么引发了大爆炸？"物理学家解释说，在大爆炸之前，不仅物质不存在，连时间也不存在。这一观点挑战了我们对存在本质的传统认知，将科学探索推向了形而上学的边界。

托马斯·阿奎那
约1225—1274

作为意大利一位伯爵的第九个孩子，托马斯·阿奎那年仅五岁就被送入蒙特卡西诺修道院。他先后在那不勒斯大学和巴黎大学求学，因其在课堂上沉默寡言而被戏称为"哑牛"。然而，阿奎那实际上在潜心吸收知识，最终成为天主教会最重要的神学理论家之一。

遭遇绑架！

在那不勒斯求学期间，阿奎那深受多米尼加修会的影响。这个以勤奋学习和济贫为宗旨的宗教团体深深吸引了他。然而，他的贵族家庭强烈反对他加入修会。1243年，家人甚至将他绑架，囚禁了一年多，试图改变他的决定。最终，家人不得不承认失败，阿奎那得以逃脱。重获自由后，他毅然加入多米尼加修会，并被派往巴黎继续深造。

阿奎那在当时被认为是最伟大的教会学者，于1323年被教皇约翰二十二世册封为圣徒。

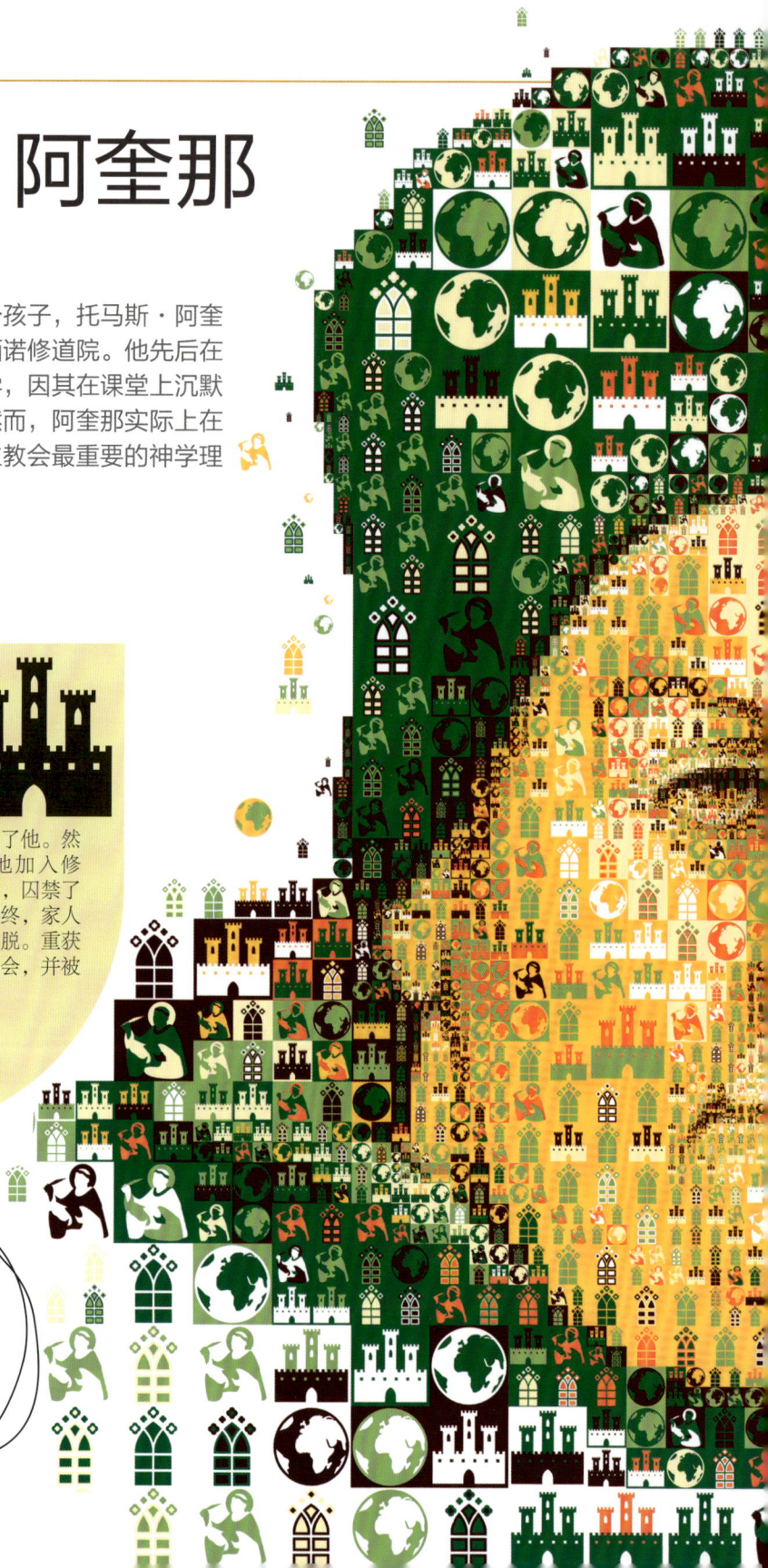

> "对于任何真理的认知，人都需要神的帮助，以便智力能在神的推动下发挥其作用。"

终身学习

作为多米尼加修会的杰出成员，阿奎那毕生致力于学术事业。他的著作数量惊人，超过60部，其中最负盛名的是由抄写员手抄的鸿篇巨制《神学大全》。这部百科全书式的著作试图系统解答关于上帝和教会的诸多根本问题。

宇宙并非一直存在

阿奎那在中世纪欧洲传播亚里士多德思想方面发挥了关键作用。他研读阿拉伯语译本，并撰写了大量评注。在《神学大全》中，他始终尊称亚里士多德为"哲学家"。然而，阿奎那并未全盘接受亚里士多德的所有观点，特别是反对宇宙永恒论，坚持认为宇宙有其开端。

信仰和理性可以调和

阿奎那生活在一个信仰与理性激烈碰撞的时代。当时许多人认为非基督教哲学（如亚里士多德思想）与基督教教义水火不容。然而，阿奎那提出："两种知识最终都来自上帝。"他认为信仰与理性并非对立，而是相辅相成的关系。

什么是时间？

在现代社会，我们对时间的流逝深有感触。我们经历着四季的更迭和日月的交替，尽管时间难以定义，但我们已经发明了各种方法来衡量它。同时，在我们的人生旅途中，时间也被视为我们存在的一个基本方面。

唯有变化永恒不变。

赫拉克利特

存在与变化

早期的哲学家观察周围的世界，看到了一个看似复杂的宇宙，其中的事物随着时间的推移在不断变化。在试图理解现实的本质时，他们寻求某种稳定性——那些永恒不变的事物。世界上的变化是需要解释的，例如，用不可变的、永恒的元素或原子的结合与重新结合来解释。然而，赫拉克利特接受宇宙在不断变化的观点，他说，以前被认为是永恒不变的事物，实际上处于"流动状态"。他解释说，就像我们不能两次踏进同一条河流，因为河水在不停地流动一样，我们也不能在不同的时间以相同的方式体验世界。根据赫拉克利特的观点，现实不是由会改变的事物或物质构成的，而是由随时间发生的过程构成的。

参见：46~47

> 康德认为，空间和时间是"不可移除的眼镜"，是心智系统的重要组成部分。

对时间的意识

许多世纪后，伊曼努尔·康德用"物自体"的世界来解释现实，这个世界不同于我们所经历的世界，它存在于空间和时间之外。康德说，虽然我们生活在空间和时间的世界里，但我们并不直接体验时间，而只是从世界上变化的事物中获得时间的感觉或印象，比如昼夜交替，或者沙漏中沙子的流动。但德国哲学家格

重返未来

物理学理论表明时间旅行在理论上是可能的。这一可能性引发了一系列引人深思的哲学问题，涉及时间的本质、因果关系以及个人身份认同等。著名的"祖父悖论"就是其中一例：如果一个人回到过去，在自己的父亲出生前杀死祖父，那么这个人就永远不会存在。另一个有趣的例子是"自我警告悖论"：如果一个人回到过去警告年轻时的自己避免某些错误，那么这些错误就永远不会发生，也就没有了回到过去警告的必要。

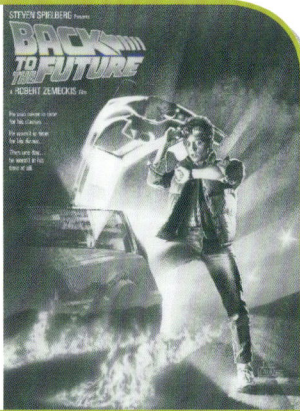

现实是一个历史过程。

格奥尔格·黑格尔

我们同时存在于空间与时间之中。

奥尔格·黑格尔认为，除了因为世界上变化的事物而对时间有意识外，我们还是我们所生活的世界的一部分，因此我们的意识本身也处于变化之中。我们把时间的流逝体验为一个历史过程，在这个过程中，每个时代的精神随着新思想的出现而不可避免地发生变化。

我们的存在即时间

20世纪，法国哲学家亨利·柏格森在达尔文进化论的启发下，提出了独特的"时间哲学"。他将现实视为一个持续的进化过程，这一观点与赫拉克利特的"万物流变"思想遥相呼应。柏格森强调，我们拥有对时间的直接内在体验，这种体验构成了我们存在的本质。与此同时，马丁·海德格尔从存在主义的角度得出了相似的结论。他认为，人类不仅存在于时空之中，还能意识到自己的时间性：我们同时体验着过去、现在和未来，并意识到生命的有限性。海德格尔主张，我们不仅仅是时间的体验者，我们的存在本身就是时间性的体现。尽管这一观点深刻影响了现代哲学，但仍有一些哲学家坚持认为时间只是人类感知的产物，而非客观现实的基本特征。

◑ 人生的时间长河

正如我们能够感知自己在空间中的位置，即我们相对于宇宙中其他物体的方位，我们也能够意识到自己在时间中的位置。我们通过记忆连接过去，通过意识体验现在，通过预期展望未来。这种对时间性的认识构成了人类存在的基本特征。

人类存在的意义是什么？

哲学家们在探讨存在问题时，逐渐将关注点从外部世界转向了人类在世界中的位置。其中一些学者深入研究了人类存在的本质——我们作为个体如何存在，以及我们是否能在生活中找到意义？

尽管索伦·克尔凯郭尔终其一生都在探寻生命的意义，但他始终保持着对上帝的坚定信仰。

参见：32-33，46-47，58-59页

自由选择

19世纪丹麦哲学家索伦·克尔凯郭尔是探讨人类存在意义的重要先驱。他指出，许多传统哲学对存在的解释与个人实际经验存在脱节，因此人类完全有能力通过自主选择来塑造自己的生活。他强调，正是这种引导生活的道德抉择的自由，赋予了生命意义。然而，这种自由选择并非总是带来幸福。当我们意识到自己拥有无限的可能性时，往往会感到迷茫，产生恐惧和焦虑。克尔凯郭尔将这种状态称为"自由的眩晕"，它源于对自身存在和个人责任的深刻认知。面对这存在困境，我们必须做出抉择：是陷入绝望而无所作为，还是选择"真实地"生活，通过有意义的抉择来充实生命？

实现潜能

克尔凯郭尔关于自由选择的观点得到了后世哲学家的继承和发展。弗里德里希·尼采强调，每个人都有责任发挥自身潜能，而不是盲目遵循传统或宗教的规训。埃德蒙德·胡塞尔则提出了"生活世界"的概念。他认为，既然如康德所言，存在一个独立于时空之外的"物自体"世界，而这个世界是我们无法直接理解和体验的，那么我们对它的任何认知都只能是推测。因此，我们更应该关注可感知的现实世界。这种强调主观经验的研究方法后来被马丁·海德格尔所采纳。海德格尔指出，哲学一直在寻求对存在的解释，但要真正理解存在，我们必须首先审视自身，即存在对我们每个人而言意味着什么。

> **为什么存在万物，而非空无一物？这才是根本问题。**
>
> 马丁·海德格尔

我们拥有寻找生命意义的自由。

生命的意义

海德格尔的思想深刻影响了下一代哲学家，特别是在法国。20世纪下半叶兴起的"存在主义"哲学，正是建立在对人类存在本质的探讨之上。在一个日益世俗化的世界中，存在主义者致力于探索在缺乏上帝和宗教指引的情况下，人们如何寻找生命的意义和目的。让-保罗·萨特是这一思潮中最具代表性的人物。他指出，我们并非主动选择存在——我们被"抛"入这个世界，但一旦意识到自己的存在，就必须主动创造生活目的来赋予生命意义。与萨特同时代的阿尔贝·加缪既是小说家也是哲学家，但他的观点更为悲观。他认为生命本质上是无目的的，面对自我意识带来的存在焦虑，我们只有两种选择：要么接受存在的荒谬性和徒劳感，要么选择彻底不存在。

> 人生而**自由**，却无往不在**枷锁**之中。因为从他坠入**尘世**开始，便需要对自己的**一言一行**负责。
>
> 让-保罗·萨特

存在主义焦虑

索伦·克尔凯郭尔将我们意识到自身存在和选择自由时产生的焦虑——"存在主义焦虑"——比作站在悬崖边缘的感觉。我们感到焦虑不仅因为害怕坠落，还因为内心有一种想要跳下去的冲动。这种焦虑源于我们意识到：只有自己才能决定是否要跳下去。

时间与**空间**

原子是宇宙构成的基础单元这一观点，最初是由古希腊哲学家提出的。最近量子力学的研究表明，亚原子粒子既可以在时间中向前移动，也可以向后移动，还可以同时处于不同的位置，这使得时间旅行在理论上成为可能。

实践中的

形而上学

启程与开端

如同先前的哲学家一样，科学家们也在探讨宇宙是否永恒存在的问题。最近的理论，如大爆炸理论，表明宇宙有一个明确的起点，而在此之前，什么都不存在，甚至时间本身也不存在。

这 就 是 **生活**

我们渴望了解存在的本质，这催生了物理学、化学以及研究生命体的生物学等科学。遗传学正逐步揭示生命的奥秘，而医学的进步甚至使得修复基因和治疗疾病成为可能。

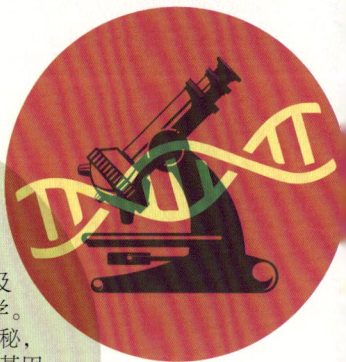

世间万物，千奇百怪，各不相同。既有有生命的，也有无生命的。人们试图理解这种惊人多样性的原因，由此催生了生态学这门科学，它研究所有生物体及环境之间的相互依存关系。

面对生命的有限性和存在的无意义性确实可能带来痛苦，但存在主义哲学对心理治疗领域产生了深远影响。一些心理治疗流派吸收了存在主义思想，帮助人们正视生命的本质，承担起对自己行为的责任，并在看似无意义的世界中寻找和创造属于自己的生活目标。

生命的**进化**

人生的意义

形而上学作为哲学的重要分支，专注于探究存在的本质。它不仅提出关于我们周围世界的基本问题——这些问题正是自然科学试图解答的，还深入探讨我们存在的原因和意义。这种对存在本质的思考关系并影响着我们如何度过自己的一生。

另一个**世界**

全球约四分之三的人口信仰宗教，其中大多数人相信除了我们生活的物质世界，还存在其他形式的世界。关于来世、天堂和地狱的观念，以及通过宗教修行进入另一个世界的可能性，深刻影响着人们的生活方式和价值观念。

什么是心灵?

不朽的灵魂存在吗？

你的心灵与身体是分离的吗？

什么是意识？

动物也有思想和感受

你和我有一样的感受吗？

是什么让你成为你？

计算机能思考吗？

科学能解释心灵是如何运作的吗？

心灵哲学植根于宗教关于不朽灵魂的观念，这种灵魂被认为负责思考、推理和感受等等精神活动。一些哲学家主张心灵与肉体是分离的，这一观点引发了关于心身关系的持久讨论。心灵哲学不仅探讨心灵的本质，还研究我们是否能够真正了解他人的内心世界，以及意识的本质和起源。

不朽的灵魂存在吗？

许多宗教的核心教义认为，除了物质身体，人类还拥有在死后继续存在的灵魂。然而，哲学家们对不朽灵魂的存在持不同观点。一些人主张存在非物质且永恒的精神，而另一些人则认为这种精神会随着肉体的消亡而消失。

永恒的心灵

在西方哲学传统中，人多数哲学家都认同我们的存在既有物质部分也有非物质部分。但在非物质部分的本质问题上存在分歧。苏格拉底和柏拉图认为人类既拥有物质身体也拥有心灵，后者相当于我们今天所说的灵魂或精神。柏拉图认为，心灵是一个人的真正本质，由三个要素组成：理性（逻各斯）、情感（胸腺）和欲望（爱欲）。他认为，虽然身体通过感官感知现实世界，但心灵能够进入一个独立于物质世界的完美世界，他称之为理念世界。心灵不仅是永恒和非物质的，柏拉图还认为我们对理念世界的认知源于灵魂在转世前的记忆。死亡后，灵魂将在新的身体中重生。

古希腊哲学家恩培多克勒为了证明自己的不朽，跳入了火山。然而，他最终未能幸免于难。

身体与灵魂

亚里士多德对心灵有着截然不同的解释。首先，他认为心灵不是独立于物质身体而存在的，而是任何生物的本质，即其存在的目的。在这个意义上，所有生物，而不仅仅是人类，都有某种形式的"灵魂"，植物的灵魂表现为生长和繁殖，动物的灵魂更为复杂，而人类灵魂则包含理性和情感。亚里士多德强调，生物的心灵与它们的物质存在密不可分，没有心灵就不存在物体，没有身体也不存在灵魂。由于所有生物的生命都是有限的，它们的灵魂也会随着死亡而消逝。

所有人的灵魂都是不朽的。

苏格拉底

当死亡降临之时，我们便不复存在。

伊壁鸠鲁

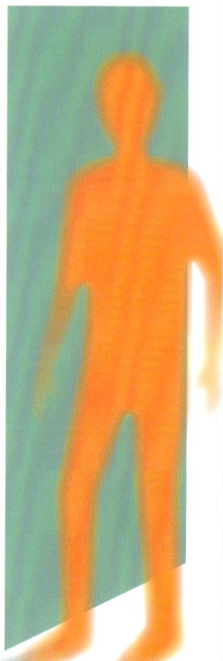

参见：20-21, 46-47

但灵魂永存。

信仰的命题

"灵魂"一词在现代的含义已不同于亚里士多德的"psyche"概念，带有浓厚的宗教色彩。不朽灵魂在死后进入另一个世界的观念是基督教和伊斯兰教的核心教义，这两个宗教都将柏拉图和亚里士多德关于psyche存在的论证融入其教义中。在东方（特别是印度）哲学中，"自我"经历生死轮回、灵魂转世到另一个肉体的观念几乎被视为理所当然。然而，对不朽灵魂的信仰，如同对上帝存在的信仰一样，最终是一个信仰问题而非哲学问题。即使那些拒绝灵魂不朽观念的哲学家，也大多承认我们的存在可能不仅仅是物质身体，还存在某种非物质的东西，我们称之为心灵。

我们的肉体终将消逝……

⬆ 精神永续

柏拉图对心灵（psyche）的界定包含了理性、情感和欲望——这些要素构成了我们今天所说的心智。与众多宗教教义相似，他坚信灵魂在人死后依然存在。

原子论者

在最早质疑灵魂不朽的哲学家中，原子论者留基伯和德谟克利特提出了革命性的观点。他们并不否认灵魂的存在，但认为灵魂与万物一样，都是由原子构成的。死亡后灵魂原子会消散，并在别处重新组合成其他事物。后来，伊壁鸠鲁进一步论证，如果宇宙中只有原子和虚空，那么就不存在非物质性的灵魂。

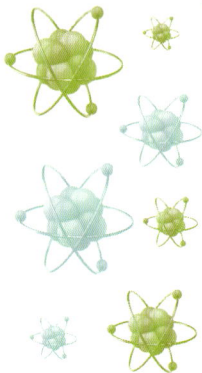

你的心灵与身

我们通过感官体验世界，同时也拥有思想和感受这些非物质的精神活动。一些哲学家认为，心灵是独立于物质身体存在的非物质实体，而另一些人则主张心灵是身体的固有属性。

> ## 我确实与我的身体不同，并且可以在没有身体的情况下存在。
>
> 勒内·笛卡儿

参见：20~21，46~47

独立的心灵

为了将自己的哲学体系建立在唯一无可争议的基础之上，勒内·笛卡儿得出结论，他可以确信自己作为一个思考者的存在，这便是著名的"我思故我在"。他意识到，人的感官可能会产生错觉，并且由于他将感官体验与肉体紧密相连，因此他推断出，那个存在且正在思考的存在体必须独立于他的肉体之外，即心灵是没有物质实体的。他进一步指出，我们的肉体完全是物质的，其行为模式类似于机器，而我们的心灵则具备思考和推理的能力。这种将心灵与肉体视为两个截然不同的事物的观点，被称为心身二元论，它与宗教中关于人类拥有灵魂的观念有着诸多相似之处。然而，值得注意的是，笛卡儿所描述的心灵，是指我们精神活动的领域，而非精神本质本身。

身心合一

将心灵和肉体视为两个分离且截然不同的实体所面临的一个核心难题在于，这两者之间存在着明显的相互作用。倘若肉体仅仅是一台无生命的机器，那么它的所有行为理应受到心灵的支配。同理，为了让心灵能够感知并体验外部世界，它必然需要从我们的感官那里接收信息。对于信奉心身二元论的哲学家而言，大脑显然是连接心灵与肉体的关键节点，而笛卡儿更是进一步提出，两者之间的桥梁可能是松果体，他形象地称之为"灵魂的居所"。然而，荷兰哲学家巴鲁赫·斯宾诺莎针对这一问题提出了迥异的见解。他认为，我们以及宇宙间的万物并非由肉体和非物质的

物理主义

物理主义者主张，世界上的一切现象都可以用物理术语来解释。这种观点并不意味着所有事物都是物质性的，而是认为即使是精神体验（如思想和感受）也可以从大脑的生理过程或行为倾向的角度来解释。物理主义者强调，物理事件只能由物理原因引起，非物质的心灵无法对物质世界产生影响。

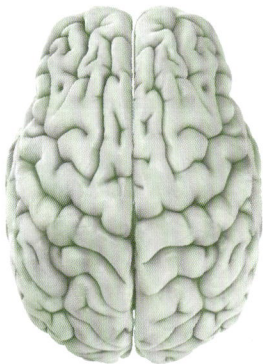

> ## 心灵是上帝无限智慧的一部分。
>
> 巴鲁赫·斯宾诺莎

体是分离的吗？

心灵简单组合而成，而是由一种统一的物质实体所构成的。这种物质实体并非单调划一，而是蕴含着两种截然不同的属性——物理属性和精神属性。斯宾诺莎的这一理论后来被称为"属性二元论"，在他看来，我们的肉体（乃至他所认为的所有物理实体，包括岩石在内）同样具备非物理的、精神的属性。对于斯宾诺莎而言，这一观点不仅具有深刻的哲学意义，更蕴含了宗教的意味，因为他坚信这种唯一的物质实体正是上帝本身：上帝即宇宙，宇宙即上帝，万物皆兼备精神和物理的双重属性。

> 心理学作为一门科学，其发展旨在研究人类的心智。

机器中的幽灵

一些哲学家对心身二元论中严格区分心灵与肉体的观点持保留态度。特别是在20世纪，越来越多的学者认为精神现象完全可以由大脑的物理机制来解释。英国哲学家吉尔伯特·赖尔通过一个生动的比喻反驳了心灵与身体分离的观点：我们可能会错误地认为机器具有意识，而实际上它只是在执行预设的程序。赖尔将这种错误观念称为"机器中的幽灵"。他认为，笛卡儿所设想的独立心灵实际上并不存在，心灵只是肉体运作方式和行为表现的一个方面，是身体功能的组成部分。

我的心灵

控制着我的躯体

⬆ 幕后操纵者
勒内·笛卡儿将身体比作一台由独立实体——心灵所控制的机器。心灵通过大脑从感官接收信息，并运用理性对其进行处理。

什么是**意识**？

作为人类，我们不仅能够通过感官体验世界，拥有思想和情感，还能够意识到自己在经历这一切——我们能够感知到自己的感觉和思维过程。然而，意识是一种高度个人化的体验，很难准确定义其本质。

我们的思想汇聚成意识流……

意识到我们自己的存在

大多数哲学家都承认思想和情感等非物质现象的存在。即使是那些否认存在独立于身体的非物质心灵的物理主义者，也承认我们有想法和感知，但他们认为这些都可以用身体和大脑的物理构成来解释。然而，我们都能意识到这些精神体验，并清楚自己兼具精神和物质的存在。我们通过感官体验物理世界——视觉、听觉、嗅觉、触觉和味觉——同时意识到这些体验的发生。此外，我们还有纯粹精神层面的思想、记忆和情感。对这些精神现象的觉知，尤其是自我意识，构成了我们所体验的意识。

威廉·詹姆斯热衷于参加降神会，并曾担任英国心灵研究学会会长。

感知捆束

将意识定义为对感觉、思想和情感的觉知带来了一个根本问题：意识无法被客观考察。我们只能直接体验自己的意识，而无法触及他人的意识。我们知道自己的意识体验是什么，但无法知道他人的意识体验如何。因此，我们对意识的概念必然是主观的，难以精确定义，只能描述每个人作为有意识存在的体验。然而，我们都对这种体验有某种认识，这也是我们拥有自我感的原因。苏格兰哲学家大卫·休谟认为，我们的思想、经

> 心灵犹如一座剧场，各种知觉相继登台亮相。
>
> 大卫·休谟

在每个人的意识中，思想是**连续流动的。**

威廉·詹姆斯

参见：82~83，84~85

科学方法

意识等概念凸显了心灵哲学面临的一个根本问题：我们只能直接体验自己的内心世界。这种特性使得心灵哲学具有主观性和内省性，常被认为缺乏科学性。为了建立更客观、更科学的研究基础，相关领域的科学家们发展出了新的学科——心理学。

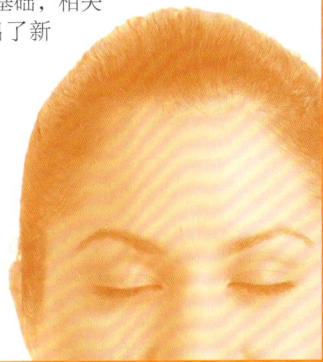

验和记忆——他称之为"感知捆束"——共同构成了我们所认识的主观意识，即自我。

不断变化的意识

威廉·詹姆斯不仅是哲学家，也是心理学的奠基人之一，他致力于为意识提供科学的解释。他认识到，我们的心灵不仅接收外部世界的感官信息，还通过心理过程解释这些信息。我们对自己经历的事物产生思想和观念，建立联系，并将它们储存在记忆中。随着不断经历新事物，新的感知会引发新的思想和观念。因此，詹姆斯认为，

意识不应被视为静态的实体，而应被视为一个动态的过程。他提出的"意识流"概念，强调意识是每个人独特的、持续流动的经验。

◐ 意识流

威廉·詹姆斯将意识比作一条不断流动的河流——永远处于变化之中。当我们经历新事物时，我们的心灵会解释这些信息，并相应地重组我们的思想。

勒内·笛卡儿

1596—1650

法国政治家之子勒内·笛卡儿，在母亲去世后由祖母抚养长大。22岁时，他获得了法学学位，但发现除数学外，他的教育并未给他带来多少确定性的知识。他终身未婚，有一个女儿，名叫弗朗辛。他一生大部分时间都过着简朴的生活，依靠家族遗产度日，并发展出了关于理性和怀疑的具有影响力的理论。

流浪者

从1618年起，笛卡儿花了十年时间游历欧洲。他加入荷兰军队，游历匈牙利、波希米亚（今捷克共和国境内）、法国和意大利。1619年，他做了三个奇特的梦，这些梦让他相信通过理性可以理解所有科学。定居荷兰后，他从未长期停留在一个地方，22年里至少搬家18次。

笛卡儿出生于法国中部小城图朗的拉艾。1967年，为了纪念这位伟大的哲学家和数学家，这个小镇被正式更名为笛卡儿镇。

万物皆可化为数学

尽管笛卡儿在光学和其他科学领域取得了突破性进展，但他主要是一位哲学家和数学家。他主张将复杂问题分解为最简单的部分，并将代数应用于几何学，从而创立了解析几何。他发展了笛卡儿坐标系，用以确定空间中一个点的三维位置，并在《几何学》（1637年）中详细阐述了这一理论。笛卡儿的这些贡献不仅革新了数学研究的方法，也为现代科学的发展奠定了重要基础。他的方法论强调理性和系统性思考，对后世哲学和科学产生了深远影响。

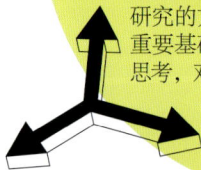

"如果你想成为真正的**真理追求者**，那么在你的一生中，至少要有一次尽可能怀疑一切。"

我思故我在

笛卡儿对人类感官的可靠性以及专家意见都持怀疑态度。他在《方法论》（1637年）中提出了一套系统的方法，即对所有事物进行系统性怀疑，直到它们被完全证实。他的第一个确定性结论用拉丁语表述为"cogito ergo sum"，即"我思故我在"。

晚起床者

笛卡儿自幼体弱多病，因此养成了睡到中午的习惯——这一作息他终生保持，因为他认为在床上思考最为高效。然而，1649年至1650年间，他在担任瑞典女王克里斯蒂娜的家庭教师时不得不改变这一习惯，因为女王坚持每天清晨5点开始授课。不幸的是，这种早起安排严重影响了笛卡儿的身体健康。他最终因感染肺炎而去世。

动物也有
思想和感受

直到最近，许多哲学家还认为人类因拥有优越推理能力而在某种程度上与其他动物不同。然而，现代研究表明，动物不仅能感受痛苦，许多还具备推理能力。这引发了一个根本性问题：动物的心智真的与人类有本质区别吗？

> 我思故我在。

生物机器

在西方思想史上，从古希腊到19世纪，人们普遍认为人类与动物的区别在于拥有不朽的灵魂。即使哲学家们将关注点从灵魂转向心智和推理能力，推理仍被视为人类独有的特质。例如，勒内·笛卡儿认为心智与身体分离的特性仅适用于人类。他认为动物缺乏推理能力，因此没有心智——它们只是像机械玩具一样的生物机器。

◀ **会思考的爪子**
勒内·笛卡儿认为动物只是对感官刺激做出反应，并不会思考或感受。然而，后来的哲学家们提出了不同的观点：既然人类本质上也是动物，那么其他动物很可能和人类一样能够感知痛苦。

人类与动物

"动物是无灵魂、无心智的生物"这一观念曾长期主导西方思想，然而，查尔斯·达尔文的进化论挑战了这一传统观念。他的理论表明，人类是自然进化过程的一部分。随着这一认识的深入，人们逐渐意识到，如果人类只是动物王国中的一个物种，那么其他动物可能也具备我们曾认为人类独有的特性。这种观念的转变导致人们对动物的态度发生了显著变化，开始接受动物是有意识、能感受痛苦的生物。这一认知转变推动了反动物虐待和剥削运动的发展，引发了人们对屠宰动物和动物实验道德性的质疑。到20世纪，越来越多的人认为为获取食物而宰杀动物是不道德的。

彼得·辛格从1971年开始成为一个素食主义者，他认为给动物施加痛苦是不道德的。

动物权利

随着"至少某些动物能够感受痛苦"的观点被广泛接受，哲学家们重新审视了动物在多大程度上能够像人类一样思考的问题。澳大利亚哲学家彼得·辛格认为，如果动物能够体验痛苦，而我们又认同施加不必要的痛苦是错误的，那么让动物遭受不必要的痛苦在道德上就是错误的。他主张，动物和人类一样，拥有自然赋予的生命权和免受不必要痛苦的权利。然而，动物权利的观念仅被少数人接受，并面临多方面的批评。例如，在

动物和人类一样能感觉到痛苦。

彼得·辛格

医学研究中，动物常被用于寻找缓解人类痛苦的治疗方法，这种情况下人类权利似乎优先于动物权利。此外，人们往往更重视哺乳动物的权利而非无脊椎动物：对捕杀幼海豹的强烈抗议与毫不犹豫地清除家中白蚁形成鲜明对比。有人认为，谈论动物权利时我们犯了拟人化的错误——即将人类的想法和感受投射到动物身上。一些现代哲学家主张，我们应该反思自己的道德观，特别是在将动物视为达到目的的手段、食物来源或实验对象时。

参见：70-71

低等动物和人类一样，能够感受快乐与痛苦、幸福与苦难。

查尔斯·达尔文

实验室白鼠

动物实验，尤其是使用白鼠的研究，主要目的是避免不道德的人体试验带来的痛苦和困扰。例如，心理学家通过观察白鼠行为来推测人类思维的运作机制。这种方法基于一个关键假设：白鼠的思维方式与人类相似。然而，这一假设本身引发了伦理困境：如果白鼠的思维确实与人类相似，那么在它们身上进行实验是否符合道德？反之，如果它们的思维与人类不同，那么实验结果又如何能有效解释人类思维？

你和我有一样的感

当我们与他人互动时，我们理所当然地认为他们有着与我们相似的想法和感受。我们每个人都知道自己经历痛苦或快乐时是怎样的感觉，以及我们如何对这些感受做出反应。但我们无法窥探他人的内心，那么我们如何知道他们是否和我们有着相同的想法和感受呢？

> 从这个窗口，我所见的不过是帽子和大衣，它们或许遮挡住了自动机器？
>
> 勒内·笛卡儿

这是一种主观体验

哲学家在探究人类心智的奥秘时，经常遇到一个关键问题：每个人是否都以相同的方式感知和体验世界？像勒内·笛卡儿这样的哲学家，在很大程度上是通过自我反省——审视自己的心智和精神活动——来构建他们的心智理论的。他们倾向于假设他人的心智运作方式与自己大致相同。然而，一些哲学家对此提出了质疑，他们认为，每个人的心智内容都是独一无二的，对其他人而言，它是隐秘且不可触及的——我们无法直接窥探他人的内心。事实上，我们仅能直接了解自己的心智状态。因此，如果仅从自己的经历出发来推导理论，这样的基础显然是脆弱且不稳定的。那么，我们凭什么坚信，我们对痛苦、快乐等情感的主观体验，甚至我们的自我意识，与他人的体验是完全相同的呢？

参见：70~71

> 无人能够"读取"他人的内心，但我们常常能在他人的面部表情中找到线索。

每个人都能感受到疼痛吗？

有一个常识性的观点，它与我们直观的感受相吻合：其他人的心智很可能以与我们相似的方式运作，这一观点主要基于人们的行为表现来支撑。举例来说，当我们不慎撞到门时，我们深知自己会感受到疼痛，并且会自然而然地做出一些特定的反应，比如皱眉、叫出"哎哟"，或者忍不住咒骂。同样地，当我们目睹其他人因撞到头部而展现出与我们相似的行为反应时，我们会很自然地推断出他们也在经历疼痛。我们观察到许多普遍存在的行为模式，比如哭泣或大笑，这些行为往往与特定的主观感受紧密相连。我们本能地会将哭泣与悲伤、大笑与欢乐等感受联系起来。鉴于我们所有人在面对外部刺激时都倾向于表现出相似的反应，那么，这是否意味着我

受吗？

们可以合理推断出，所有人在思维和感受上都存在相似性，且我们的心智运作方式也大致相同呢？

也许我们都不一样

然而，仅凭我们个人的心智体验来推断他人的心智状态，这种做法显然过于片面。我们如何能够确信，仅仅因为每个人对外部刺激的反应模式相似，内心的感受就必然相同呢？例如，当一个女人在撞到门后大喊"哎哟"，这并不一定意味着她真正感受到了疼痛，她可能只是在模仿疼痛者的反应。同样地，在她眼中呈现为红色的物体，在我们眼中可能完全是蓝色的。由于我们无法直接洞察她的内心体验，我们无法直接了解她正在感受或看到什么，而只能依赖于她的行为表现或她的言语描述来进行间接推测。但也许这样的推测已经足够我们理解彼此：毕竟，在日常生活中，我们经常接受关于遥远之地的间接描述，尽管我们并未亲身体验过那些地方。

哲学上的僵尸

在哲学领域，僵尸并非指好莱坞电影中那些不死的怪物。它们指的是那些外表和行为与我们相似，但实际上没有意识的人。如果你击打僵尸，它的反应会和我们一样，但它并不会感到疼痛。哲学家们借用了"僵尸"这一概念，来反驳"人类所有特性均可单纯归因于物理因素"的观点。正是我们的意识心理体验——心智活动——使我们与僵尸截然不同。

➔ **陷入沉思**
我们总以为自己能够知晓他人的想法和感受，但实际上，我们无法直接窥探他人的内心。我们必须从他人的行为中推断出他们的想法和感受。

经验

思想

观念

感受

记忆

你心里在想什么？

是什么让你成为

我们每个人都是独一无二的个体。我们各自拥有一个与众不同的身体，同时，我们也拥有"自我"——这个自我包含了我们的思想、情感和记忆，构成了我们的个人身份。在我们的一生中，无论是身体上还是心理上，都会经历许多变化，然而，我们依然觉得自己保持着同样的身份。

我的思想

经验……

信念

以及记忆让我成为我

忒修斯之船

有一个流传已久的笑话，讲述了一位木匠用了整整50年的同一把锤子，其间更换过三次锤头和两次锤柄。这个笑话透露了我们对身份的一种本能认知。哲学家托马斯·霍布斯也巧妙地运用了一个类似的故事来深入探讨我们如何随着时间的推移来认知个人身份。他提到，忒修斯曾进行过一次漫长的海上航行，在旅途中，他的船遭受了严重的损坏，需要不断地进行大修。随着时间的推移，船上的每一个部件都被逐一替换成了新的，然而，即便如此，我们仍然固执地认为，那艘最终完成航行的船仍然是原来的那艘船，尽管它已经没有任何一个原始的部件了。其实，我们的一生也是如此。我们体内的细胞在不断地进行新陈代谢，以至于几年之后，从物理学的角度来看，我们的身体已经与原来的自己大相径庭。同样地，我们的想法、思维方式和情感也经历了巨大的

托马斯·霍布斯并不喜欢大学的哲学讲座，他哀叹："无关紧要的话语频现。"

⬅ 身份危机

哲学家们一直对身份的本质感到困惑，但他们都认同，正是我们存在的非物质部分——心智——定义了我们的身份。尽管随着年龄的增长，我们的想法和信念可能会发生变化，但我们本质上仍然是同一个人。

你？

变化。然而，尽管如此，我们仍然坚信
自己还是同一个人。

硬件和软件

对于霍布斯等哲学家而言，一个根本性
的问题在于：在不断变化的过程中，究
竟是什么构成了我们的个人身份？是否
存在一个永恒不变的本质？与忒修斯之
船这一思想实验不同，我们是具有生命
的有机体，生命只有一次。虽然我们的
细胞会更新换代，甚至可以进行器官移
植，但我们依然保持着作为同一个生物
体的身份认同。然而，如果涉及大脑移
植，情况就变得复杂——我们往往会认
为这是大脑接管了一个新的躯体，而非
躯体接受了一个新的大脑作为"零件"。
这一现象暗示着，大脑可能是我们身份
认同的核心所在。但究竟是什么使大脑
这一物理器官与心脏等其他器官有着本
质区别？答案似乎在于：决定我们个体
身份的并非大脑的"硬件"——其物理
构造，而是与"软件"相关——即发生
在大脑内部的心理活动，包括我们的思
维、记忆和情感。

> 一个人的身份认同范围，取决于其
> 意识能够回溯到的过去行为和思想
> 的深度。
>
> 约翰·洛克

存在的连续性

研究表明，决定我们之所以为我们的，主
要是我们的心智而非身体。然而，在生命
历程中，我们不仅在生理上经历变化，心
理层面也在不断演变。我们在不同人生阶
段的思维方式和情感体验往往大相径庭。
青年时期的思想观念可能与老年时期的信
念体系截然不同。这种变化不仅是我们自
身的感受，在他人眼中也同样明显。当我
们遇到一位久未谋面的故人时，可能会发
现其思维方式与记忆中的判若两人，但我
们依然能够确认这是同一个人——他/她保
持着基本的身份认同。哲学家约翰·洛克
对此提出了深刻见解：正如我们的物理生
命具有连续性一样，我们的心智也存在连
贯性。他认为，个人身份的本质在于意识
的连续性，而这种连续性深深植根于记忆
之中。

参见：76~77

> 尽管构成人体的**物质**在不断
> **更替**，但由于这种更替是一个
> 持续而连贯的过程，个体始终
> 保持着其身份同一性。
>
> 托马斯·霍布斯

空间移动者

在科幻作品中，瞬间移动器常被描绘为能
够将人从一个地点"传送"至另一个地点
的装置。然而，这种技术可能并非真正意
义上的传送，而是在目的地创造出一个完
全相同的复制体，同时销毁原始个体。这
个新个体虽然在物理构造和记忆层面与原
件完全一致，甚至自我认知也完全相同，
但从本质上看，它并非原来的那个人。如
果原始个体在复制过程中未被销毁，那么
两个个体都将声称拥有相同的身份认同。

托马斯·霍布斯

1588—1679

托马斯·霍布斯的父亲是英格兰威尔特郡韦斯特波特教堂的牧师。在霍布斯16岁时，他的父亲在教堂台阶上和另一个牧师发生争执后，抛弃了家庭。青年霍布斯依靠他的叔叔修完了牛津大学的古典文学学位。很快，他成为年轻贵族的教师，他的学生包括查理二世，也就是英格兰、苏格兰和爱尔兰未来的国王。

逃离战乱

霍布斯在担任贵族家庭教师期间，与其学生游历欧洲各地，其间有幸会见了天文学家伽利略和哲学家笛卡儿等科学巨匠。1640年，随着英国内战阴云密布，身为保皇派支持者的霍布斯被迫流亡法国。在长达11年的流亡生涯中，他先后完成了两部重要著作：探讨政教关系的《论公民》（1642年）以及影响深远的社会哲学巨著《利维坦》（1651年）。

"孤独、贫困、肮脏、残忍、短浅"

霍布斯对人类自然状态的悲观描述源于其对人性的深刻洞察。他认为人类本质上是自私的生物，其行为主要受两种基本动机驱使：对死亡的恐惧和对个人利益的追求。在缺乏社会约束的"自然状态"下，人们只会关注短期个人目标，导致合作机制崩溃，长远规划难以实现。

社会契约

为解决自然状态下的困境，霍布斯提出了社会契约理论：人们为了获得安全保障和社会合作，自愿让渡部分个人自由，同时要求他人也作出同等让步。这种通过权利让渡换取基本权利保障的思想，在欧洲思想界引起了广泛共鸣，尤其是在霍布斯思想备受推崇的欧陆地区。

"当人们在错误的基础上建造时，他们建造得越多，毁灭就越严重。"

"没有利剑作为后盾，契约不过是一纸空文"

霍布斯在其社会契约理论中提出，唯有依靠外部权力的强制约束，社会契约才能真正发挥作用，这种外部力量能够确保人们遵守契约。他以神话中的海怪"利维坦"作为国家权力的象征，认为这种权力必须采取君主专制政体。他认为单一的统治者能够最大限度地缓解社会各阶层之间的竞争与冲突。

1666年，霍布斯的著作《利维坦》被英国议会列入调查清单，被指控宣扬无神论。由于担心遭到逮捕，霍布斯不得不烧掉大量手稿。

计算机能思考吗？

计算机科学领域已经取得了长足的发展，现代计算机能够通过编程执行各种复杂任务，其效率往往远超人类。其中，一些人工智能系统通过模拟人类大脑的运作机制，展现出类似"思考"的能力，并能够自主做出决策。尽管这些系统表现出某种程度的智能，但大多数人仍然直觉地认为，无论技术如何进步，机器永远无法以与我们相同的方式进行思考。

大脑是一台生物计算机

"人工智能"这一概念源于20世纪下半叶计算机科学的蓬勃发展。与此同时，神经科学领域的突破性进展也在逐步揭示人类大脑的工作机制。这两门学科相辅相成，相互促进：神经科学家利用先进的成像技术，成功捕捉到思维过程中大脑的电化学活动；而计算机科学家则致力于研发能够模拟这种生物神经活动的智能系统。如果大脑本质上是一个通过内部电脉冲实现认知功能的物理实体——即一种特殊的"生物计算机"，那么从理论上讲，我们或许终将能够制造出具有类似认知能力的人工系统。人工智能领域的发展已经催生出远超传统"数字计算器"范畴的智能计算机，这些系统不仅能够模拟人类的思维模式，还引入了"模糊逻辑"等概念，使其具备了人脸识别、棋类对弈等复杂任务的执行能力。

艾伦·图灵因其在第二次世界大战期间的密码破译工作而闻名。

> 经过编程的计算机系统所展现的理解能力，本质上与汽车或计算器的运作原理并无二致——它们实际上并不具备真正的理解能力。
>
> 约翰·塞尔

> 如果一台计算机能够欺骗人类，使其相信它就是人类，那么它就应该被称为智能。
>
> 艾伦·图灵

图灵测试

在某些特定任务中，这些计算机系统的表现已经达到了与人类不分伯仲的水平，有时甚至超越了人类的能力，展现出类似决策的行为特征。这种现象使得它似乎具有某种形式的智能或思维能力。计算机科学先驱艾伦·图灵为此提出了一个著名的测试方法：让计算机和人类同时回答一系列书面问题，并

中文房间思想实验

约翰·塞尔提出了一个著名的思想实验，对图灵测试的有效性提出了质疑。在这个假想实验中，一个完全不懂中文的人被安置在一个房间内，房间中备有一套英文规则手册，详细说明了如何将一组中文字符与另一组中文字符对应起来。当房间外的人向房间内输入中文问题时，房间里的人根据规则手册机械地组合出看似合理的中文回复。观察者可能会误认为房间里的人理解中文，但实际上这只是一个机械的符号处理过程。

兒童百

参见: 76-77, 78-79

> 我认为我和你一样聪明。

由公正的评判者评估这些回答。如果评判者无法区分回答的来源，那么就可以认为该计算机展现出了真正的智能。然而，哲学家约翰·塞尔后来对图灵测试的有效性提出了质疑（参见"中文房间思想实验"）。尽管现代计算机确实能够模拟诸多人类行为，但距离《银翼杀手》等科幻作品中描绘的高度拟人化的机器人，似乎还有很长的路要走。

无意识的机器

即便存在一台在行为表现上与人类完全别无二致的理想计算机，许多人仍然直觉地认为它不可能真正具备思想意识和情感体验。这样的机器或许能够完美地模拟智能行为，给人以思考和感受的假象，但它是否真的拥有内在的主观体验？还是仅仅在进行精密的意识模拟？正如一台模拟飓风的计算机并不会真正包含一场飓风，我们凭什么认为模拟意识的计算机就一定具有真实的意识呢？这个悖论引出了一个更深层的问题：如果由电子元件构成的物理机器无法产生真正的意识，那么作为生物机器的我们，又是如何获得这种内在的精神生活的呢？意识的本质是否真的取决于构成物质的类型？构成你我的物质基础，究竟在意识形成过程中扮演着怎样的角色？

智能的假象 ➔
计算机系统确实能够展现出智能行为，给人造成它在以类似人类的方式进行思考的假象。然而，这种表象背后可能并不存在真正的意识，因为机器没有心智。

科学能解释心灵是如

正如现代自然科学脱胎于古人对自然界的哲学思考，心理学和神经科学的蓬勃发展同样源于人类对心智与大脑本质的哲学追问。这些学科为我们理解意识活动提供了重要的科学工具和理论框架。然而，或许并非所有心智运作机制都能被现有的科学范式完全阐明。

关于**心智**的最佳科学理论虽然优于**哲学经验主义**，但从各个方面来看，它仍然存在**诸多不足**。

杰瑞·福多尔

释了知识获取的过程——这一直是哲学认识论的核心议题之一。随着学科发展，认知心理学家进一步开发出创新的实验方法，深入研究大脑的信息存储机制以及感知系统的运作原理。现代心理学的研究范畴已经扩展到智力、人格、情绪等多个维度，通过科学实验和理论模型，系统地解释人类的思维模式和行为特征。

思维与行为

古埃及人并不重视大脑，他们相信心脏才是智慧之源。

虽然心理学起源于对心智本质的哲学探讨，但它开创了一条独特的科学研究路径。心理学家们摒弃了传统哲学中过于依赖思辨的方法，转而建立了一套基于实证观察和实验研究的科学方法论。例如，行为主义心理学家通过系统观察动物和人类的学习行为，并设计严谨的实验来验证理论假设，从而科学地解

大脑是如何运作的

与此同时，神经科学专注于研究大脑和神经系统的物质基础及其运作机制。神经科学家已经成功揭示了感觉信息如何通过神经系统以电化学信号的形式在大脑与身体之间传递，以及大脑处理这些信息的复杂过程。借助功能性磁共振成像（fMRI）等先进技术，研究者能够实时观察大脑在进行感知、思考、决策、记忆存储和语言处理等认知活动时的神经活动模式。尽管神经科学在解析大脑工作机制方面取得了显著进展，但它只是揭示了认知活动对应的神经生理变化。这些物理层面的发现虽然重要，却似乎无法完全解释主观意识体验的本质。

一门新兴科学

心理学作为一门科学直到19世纪晚期才正式出现。在美国大学中，心理学家最初是从哲学系中产生的；而在欧洲，实验心理学最早被看作生理学的一个分支。不过，心理学很快就发展成为一门独立学科，成为研究心智与行为的科学，它架起了哲学与生理学之间的桥梁。

何运作的吗？

科学无法触及的领域？

神经科学为我们提供了关于大脑"硬件"（大脑和神经系统的物理运作）的知识，而心理学则向我们揭示了关于大脑"软件"（大脑处理信息的方式）的信息。这些学科已经开始解答我们如何感知世界、如何获取和储存知识等重要问题。但是，是否终有一天能告诉我们思维究竟是什么，或者解释我们的主观体验呢？为什么特定的大脑活动会伴随特定的意识体验？更进一步说，为什么大脑活动会产生意识体验？尽管

科学能够详细描述大脑的工作机制，但关于大脑及其运作的某些根本性问题似乎超出了当前科学的研究范畴。

探索仍在继续 ➤

心理学家致力于探究心理活动的规律，神经科学家则专注于解析大脑的运作机制。然而，"心智的本质是什么"这一根本性的哲学问题，至今仍未能在科学领域得到解答。

科学家能否揭示
大脑的运作机制？

参见：70~71，82~83

个人意识的探索

传统上属于哲学范畴的意识、自我认知和身份认同等问题，现已进入科学研究的视野。现代神经科学技术使研究者能够直接观察大脑活动，并识别与主观体验相关的神经活动模式和连接网络。

个体差异的研究

哲学关于人格形成的理论为心理学研究个体独特性提供了理论基础。这些研究涵盖人格类型、智力水平等个体差异，以及我们在一生中的心理发展变化规律。

实践中的

心灵哲学

心理健康的应用

针对抑郁症、焦虑症等精神障碍，心理学发展出了心理治疗（谈话疗法）等干预手段；对于丧亲等创伤性经历，心理咨询提供了有效的应对方法。这些临床技术植根于心灵哲学，不仅帮助患者缓解症状，更能促进患者对自身心理问题的理解。

东方哲学对现代心智观念产生了深远影响。起源于印度和中国的瑜伽、冥想等修行方法，经过数个世纪的实践，现已广泛融入西方社会。心理学研究表明，这些传统方法对维持身心健康具有潜在益处。

身体和心灵

计算机从最初仅能执行机械化的数字运算，发展到如今能够完成复杂的认知任务。随着人工智能技术的发展，我们对其"思考"能力的要求不断提高，而这一领域的发展正是建立在哲学和心理学对人类心智运作机制的理解之上。

人工智能

哲学家率先提出了关于心智本质及其运作机制的根本性问题，这些思考随后成为心理学研究的核心议题。值得注意的是，关于心智的哲学思考还深刻影响了计算机科学和机器人技术等领域的发展。

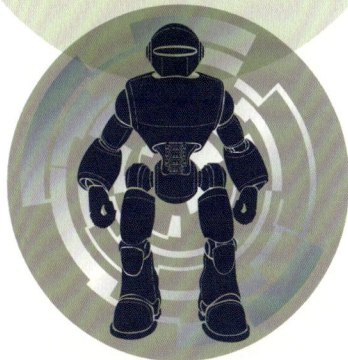

动物权利

科学研究已经证实，意识并非人类特有，动物同样具有心智能力，它们感知世界的方式可能与人类相似。认识到动物能够体验精神和身体上的痛苦，这一发现推动了动物权益保护运动的蓬勃发展，促使社会重新思考对待动物的道德标准。

什么是推理?

是真是假？证明一下……

什么是逻辑论证？

真理有不同类型吗？

如何做出好的论证？

逻辑和科学存在何种关系？

我们可以相信科学吗？

用常识想想就知道了！

逻辑可以告诉我们什么？

一定有合乎逻辑的解释！

理性和信仰可以共存吗？

逻辑学作为哲学的重要分支，其发展历程与哲学理论的演进密不可分。哲学家们运用逻辑构建理性论证来支撑其理论主张。这门学科专注于理性论证的构建与分析，研究如何从既定前提中推导出有效结论。逻辑论证呈现出多种形式，准确识别这些论证形式有助于我们客观评估论点的有效性和说服力。

➡ 有效论证

这个论证由两个前提和一个结论构成。其有效性体现在结论"爱德华喜欢蜂蜜"能够从前提中逻辑上推导出来。在这种情况下，只要前提为真，结论必然为真。

所有的熊都喜欢蜂蜜。　　　　爱德华是一头熊。　　　　因此，爱德华喜欢蜂蜜。

是真是假?

哲学家非常重视理性思维的运用。在提出理论时，他们不仅会构建严谨的论证来支持自己的观点，还会仔细审视那些支持对立理论的论证，寻找其中的逻辑漏洞。逻辑学为哲学家提供了构建理性论证的工具，同时也帮助他们评估论证对理论的支持力度。

参见：92-93，94-95，98-99

构建理性论证

单纯断言某个观点为真，往往难以令人信服。有效的论证需要清晰地展示推理过程，并提供支持结论的依据。一个优质的论证应当展现观点之间的逻辑关联，从普遍认可的前提出发，通过合理的推理得出结论。要使论证结论成立，必须满足两个条件：前提真实可信，且推理过程合乎逻辑。逻辑学为我们提供了评估论证质量的标准，因为不同论证的说服力确实存在差异。

罗素的茶壶

有一些人，尤其是一些宗教信仰和政治信仰特别强的人，认为应该由其他人来证明他们的观点是错误的，而不是他们证明自己的观点是对的。为此，伯特兰·罗素提出，有一个茶壶在椭圆形轨道上绕着太阳公转，但是它太小了，在地球上无法看到它。没有人可以证明这种说法是错误的，但是这也不能意味着我们可以接受这一理论。

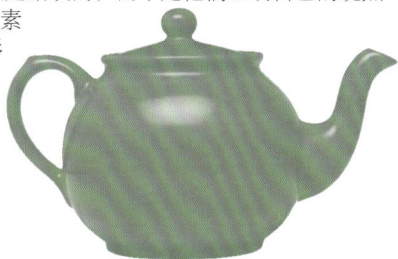

探寻真相

逻辑分析使我们能够剖析论证的结构和形式，从而判断结论是否确实由前提推导得出。当结论必然由前提得出时，这种论证被称为演绎论证。在有效的演绎论证中，真实的前提必然导致真实的结论。然而，论证的有效性并不等同于结论的真实性，这还取决于论证内容本身。举例来说，从"所有哲学家都是

➜ 无效论证

这个论证之所以无效，是因为结论"有些哲学家是熊"无法从给定的两个前提中逻辑上推导出来。即使无效论证的前提全部为真，其结论仍可能为假。

所有的熊都喜欢蜂蜜。　　　有些哲学家喜欢蜂蜜。　　　因此，有些哲学家是熊。

证明一下……

人"和"亚里士多德是哲学家"这两个真实前提出发，必然得出"亚里士多德是人"的结论。这个论证之所以令人信服，是因为其逻辑形式正确且结论确实来自前提。但若论证变为"所有哲学家都很聪明。亚里士多德是哲学家。因此，亚里士多德很聪明"，情况就不同了。尽管这个论证与前者具有相同的逻辑形式，但由于前提"所有哲学家都很聪明"的真实性无法确定，因此结论的说服力大打折扣。这种情况下，我们需要额外的证据或论证来证实前提的真实性。

合理性的梯度

当我们能够确认论证的前提具有较高的真实性，并且论证本身有效时，就可以合理推断结论很可能为真。然而，有时即使前提真实，其信息量仍不足以完全证实结论。例如，基于"大多数吉他手是右撇子"和"吉姆是吉他手"这两个前提，我们可以合理推测吉姆很可能是

> 可知的**真理**远多于可被**证明**的真理。
>
> 理查德·费曼

右撇子，但无法完全确定。这表明，虽然真实前提和有效论证能够证实某些命题，但并非所有论证都具有绝对的确定性。信念的合理性往往呈现出一个连续谱系，因此许多哲学论证的目标是为某种观点或理论提供合理的支持，而非绝对的证明。

> 亚里士多德因其对辩论的热忱而创立了西方哲学史上第一个系统的逻辑学体系。

什么是**逻辑论证？**

理性论证虽然形式多样，但都遵循从前提到结论的推理过程。随着哲学的发展，论证形式日趋复杂，支撑这些论证的逻辑体系也日益精密，最终发展成为与数学密切相关的哲学分支。

戈特洛布·弗雷格是逻辑学的先驱，但他的工作在生前并未得到广泛的认可。

亚里士多德体系

古希腊的早期哲学家们凭借理性之光，探索世界的奥秘，并通过与同行思想家的激烈辩论，为自己的观点寻求合理性支撑。这一理性探讨与辩论的传统，在苏格拉底的时代已成为一种广受推崇的理论阐述方式。苏格拉底在此基础上，开创了一种名为"辩证法"的探究真理的方法。他通过与持有不同见解的人深入讨论，不断碰撞思想火花，以期逼近真理。苏格拉底辩证法的一个核心技巧，在于揭示对方观点中潜藏的矛盾之处。而真正将论证以逻辑形式系统化的是亚里士多德。他设计了一套严谨的三段论逻辑体系，指出逻辑论证由两个前提共同推导出一个结论。在这一体系中，论证的每一步都严格遵循特定的陈述或命题形式，诸如"所有的X都是Y"，"部分X是Y"，"无一X是Y"，或"部分X非Y"。亚里士多德进一步对这些命题的各种组合进行了细致分类，明确了哪些组合能够合理推导出有效结论，哪些则无法达成这一目的。

> 如果发明一个新的符号能够帮助我们解决许多逻辑上的困难，那么这样做就是值得的。
>
> 戈特洛布·弗雷格

演绎法与归纳法

演绎论证的一个经典案例便是三段论："所有人终将离世。苏格拉底乃人类一员。故而，苏格拉底亦将离世。"在此案例中，"苏格拉底亦将离世"这一结论，是由普遍前提"所有人终将离世"与特定前提"苏格拉底乃人类一员"在逻辑上必然推导而出。若结论确由前提严谨推导而来，则此类演绎论证即为有效；反之，则无效。然而，除演绎论证外，还存在另一种论证形式——归纳论证。归纳论证通常是从特定前提中提炼出一般规律。譬如，我们可能通过观察到的某些鱼类实例，推断出所有鱼类皆具鳃。但这一结论并非绝对可靠，因为实际上存在（且确已发现）部分鱼类拥有肺而非鳃。在归纳论证中，结论并非必然源自前提。归纳论证并不追求逻辑上的绝对有效性，其前提旨在为结论的真实性提供支撑，但并不能逻辑上确保结论的绝对无误。

逻辑符号

戈特洛布·弗雷格在揭示逻辑与数学内在联系的同时，开创性地发展了一种符号系统来表达逻辑命题。这个系统借鉴数学符号体系，构建出形式化的逻辑表达式。通过这种方式，命题得以转化为严格的逻辑形式，并依据既定的逻辑规则进行分析。这种创新使得逻辑论证能够像数学证明一样接受系统的检验和验证。

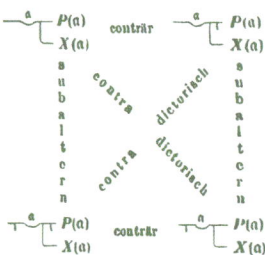

参见: 90-91, 98-99, 108-109

数学逻辑

亚里士多德通过三段论来分析论证的方法，直至19世纪末一直是逻辑学的基础，但它在分析论证方面存在局限性。德国数学家哥德尔·弗雷格彻底改变了评估哲学论证的方式。在此之前，人们认为逻辑源自我们的思维方式，但弗雷格证明，逻辑与数学一样，都基于一系列客观规则。他引入了一套符号系统（见上文"逻辑符号"），以逻辑形式呈现论证。这消除了口头表述的哲学论证中的歧义，使哲学家能够以数学家分析数学命题的方式来分析逻辑命题。这一突破不仅为逻辑学提供了新的理论框架，使其成为更强大的分析工具，更为20世纪分析哲学的发展奠定了基础。

反对关系

"所有熊都喜欢蜂蜜"与"没有熊喜欢蜂蜜"这两个陈述是相反命题。它们是相互对立的，因为两者不可能同时为真，但也有可能同时为假——即存在喜欢蜂蜜的熊，也存在不喜欢蜂蜜的熊。

没有熊喜欢蜂蜜

所有的熊都喜欢蜂蜜

命题的四种基本形式

对当关系图

基于亚里士多德的三段论体系，哲学家们构建了一个展示四种基本命题形式及其关系的图示。这个逻辑方阵揭示了命题间的对立关系，即如果一个命题为真，则另一个命题不可能为真。

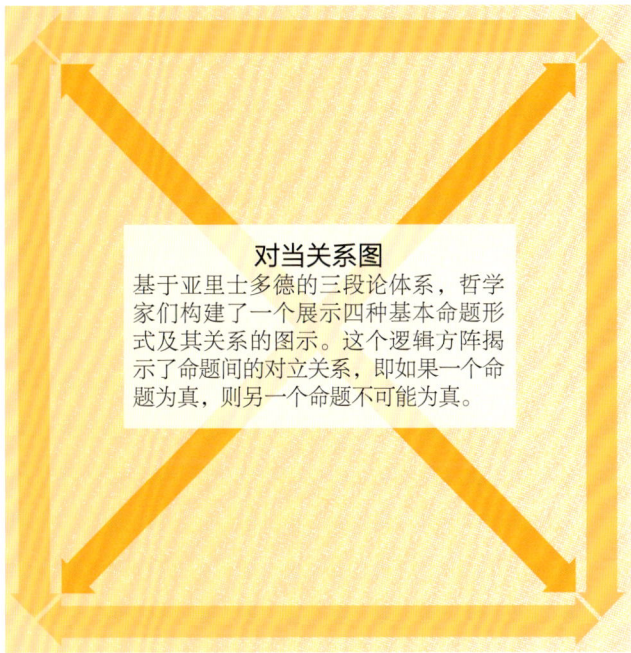

矛盾关系

在逻辑方阵中，位于对角线上的命题是相互矛盾的——如果其中一个为真，则另一个必然为假。例如，如果"所有熊都喜欢蜂蜜"为真，那么"有些熊不喜欢蜂蜜"就不可能为真，反之亦然。但是，位于同一侧或相对侧的命题并不构成这种矛盾关系。

下反对关系

在逻辑方阵的底部，命题之间呈现出一种不同的对立关系。它们之间并不构成矛盾，而是可以同时为真——即有些熊喜欢蜂蜜，而有些熊则不喜欢蜂蜜。

一些熊喜欢蜂蜜

一些熊不喜欢蜂蜜

真理有不同类型吗？

哲学论证的核心目标在于确立命题的真实性，但验证真理的方法却不止一种。有时，仅凭理性与逻辑即可确认真理；而在另一些情况下，我们必须观察我们周围的世界。

真理有两类：推理真理和事实真理。

戈特弗里德·莱布尼茨

莱布尼茨的真理二分法

哲学家兼数学家戈特里德·莱布尼茨提出了真理的二元分类。他将真理分为"推理真理"和"事实真理"两种类型，认为它们的真实性建立在不同的基础之上。推理真理仅凭理性即可验证，例如"所有的公猫都是雄性的"这一陈述，其真实性源于"公猫"的定义本身。这类真理被称为分析型真理，其真实性内在于命题的含义之中。相比之下，"苏格拉底在隔壁房间"这样的陈述则需要通过实际观察来验证其真实性，这就是莱布尼茨所说的"事实真理"。这类命题的真实性不能仅凭其含义确定，因此也被称为综合型真理，与分析型真理形成对照。

真理的否定与矛盾

根据莱布尼茨的观点，推理真理若被否定则必然导致矛盾。例如，我们无法在否定"所有正方形都有四条边"这一理性真理的同时，又宣称"存在没有四条边的正方形"而不自相矛盾，这无异于声称存在某个四条边的图形不具备四条边。所有正方形都具有四条边这一事实，也被称为必然真理，它在任何情况下、任何可能的世界中都成立。反之，像"亚伯拉罕·林肯是美国人"这样的事实真理则可能被推翻。林肯恰好出生在美国是既成事实，但情况本可能不同——他或许会出生在其他国家。由于这类真理性取决于实际情况是否如此，故被称为偶然真理。

真理……

推理真理

单纯的推理之路无法让你了解世界的本质——只能获得一些琐碎的事实，比如正方形有四条边。

要么是推理真理

休谟之叉

在大卫·休谟的哲学思想中，这一区分尤为重要。他认为陈述要么涉及"观念间的关系"，要么涉及"事实"，并将这两类陈述比作道路分岔后的两个不同方向。休谟认为，关于观念间的关系的真实陈述仅凭理性就能得知，并且它们将是必然真理，但这些真理微不足道（比如"正方形有四条边"这一陈述），并不能给我们提供关于世界的知识。另一方面，关于事实的真实陈述确实能为我们提供关于世界的信息，但我们需要通过观察世界来验证它们是否为真。休谟认为，我们不能从一条道路的分岔走到另一条分岔——我们不能仅仅依靠理性来获得关于真实事实的知识。

德国巴赫森公司生产了以哲学家戈特弗里德·莱布尼茨命名的"莱布尼茨"饼干。

要么是事实真理

事实真理

或者，走经验之路。根据大卫·休谟的观点，只有这条路才能通向对世界的真正认识。

数学与科学

必然真理与偶然真理之间的区别反映了数学与自然科学之间的根本差异。数学真理似乎仅凭理性就能得知——它们是必然真理。然而，科学发现，如水在1大气压下沸点为212华氏度（100摄氏度）这一事实，是偶然真理——它们依赖于观察，并且与数学真理不同，并非无可争议。

亚里士多德

公元前384—前322

尽管出身医学世家——其父尼各马科斯曾任马其顿国王阿敏塔斯三世的御医，亚里士多德却选择了截然不同的人生道路。他前往雅典研习哲学，随后在土耳其和莱斯博斯岛开展海洋生物学研究。公元前343年，他受聘为13岁的亚历山大大帝的导师，这一教职持续了八年之久。重返雅典后，亚里士多德进入创作高峰期，据传完成了约200部著作，其中约30部得以保存至今。

亚里士多德的某些科学观点存在明显错误。例如他断言所有物种的雌性动物牙齿数量都比雄性少，以及人类思维并非来自大脑，而是来自心脏周围的区域。

柏拉图的学生

17岁时，亚里士多德前往雅典柏拉图学园求学，在柏拉图指导下度过了20年光阴，被柏拉图誉为"学园之灵"。然而，他最终与导师分道扬镳，反对柏拉图的理念论，主张普遍性质内在于具体事物之中。公元前347年柏拉图逝世后不久，亚里士多德离开了雅典。

自己的学园

公元前335年，亚里士多德重返雅典，在城外的吕克昂体育馆创立了自己的学园。他不仅为学园配备了丰富的藏书（可能得益于亚历山大大帝的资助），还利用收到的异国动物礼物建立了世界上最早的动物园之一。学园实行独特的民主管理制度，每10天选举一次领导者。

苏格拉底之死

亚里士多德将理性运用视为人类活动的最高形式，认为逻辑是认知世界的重要工具。他开创的逻辑体系以三段论为核心特征，即通过两个前提推导出结论。例如，从"所有人都是会死的"和"苏格拉底是人"这两个前提出发，必然得出"苏格拉底是会死的"这一结论。

"智慧一定是理性与科学知识的结合。"

动物的逻辑

亚里士多德的科学研究范围广泛，涵盖了天文学到动物学等多个领域。他是第一个将鲸和海豚与鱼类区分开来的人，并通过解剖数百种生物来探究其生理机制。运用逻辑方法，他开创性地构建了"自然阶梯"（又称"存在之链"）分类体系，这一宏大分类系统对后世科学产生了长达两千年的深远影响。

如何做出好的论证？

为了使论证具有说服力（逻辑上合理且令人信服），它必须基于真实或至少合理的前提，并为结论提供支持。论证可以以几种不同的方式呈现，而它所采用的逻辑形式决定了是否可以从前提中正确地推断出结论。

你无法反驳一个有效论证……

艺术家M.C.埃舍尔利用透视原理在他的作品中创造出视觉错觉，比如看起来永无止境的楼梯。

分析一个论证

几个世纪以来，亚里士多德的三段论模型一直是分析论证的主要方法。这一模型认为，一个完整的论证由两个前提和一个结论构成，其有效性需要满足特定标准。论证中的每个命题都包含两个项，这些项可以是全称命题（如"所有X都是Y"或"没有X是Y"）或特称命题（如"一些X是Y"或"一些X不是Y"）。这些命题的不同组合共产生256种可能的三段论形式，每种形式都根据其结论能否从前提中有效推导而被分类。其中，只有部分形式构成有效的演绎论证——即从全称前提得出特定结论，且前提为真则结论必然为真。其余形式则包含推理错误（称为逻辑谬误）或归纳论证等类型，在这些论证中，前提虽支持结论但无法确保其必然为真。

> 没有绝对的真理；所有的真理都是半真理。把半真理当作绝对真理来对待，这才是问题的所在。
>
> 阿尔弗雷德·诺思·怀特海

半真理问题

亚里士多德的逻辑体系虽然在评估演绎论证有效性方面表现出色，但在处理无法简单判定真伪的命题时存在明显不足。19世纪，戈特洛布·弗雷格引入的数学逻辑为论证评估提供了更精细的模型。然而，传统逻辑非真即假的二元思维模式仍难以应对"半真理"等复杂情况。为此，现代逻辑学发展出了"模糊逻辑"体系，通过在真（1）与假（0）之间建立连续统，用0.5表示半真理，0.9表示高概率，0.1表示低可能性，从而更准确地描述现实世界的复杂情况。

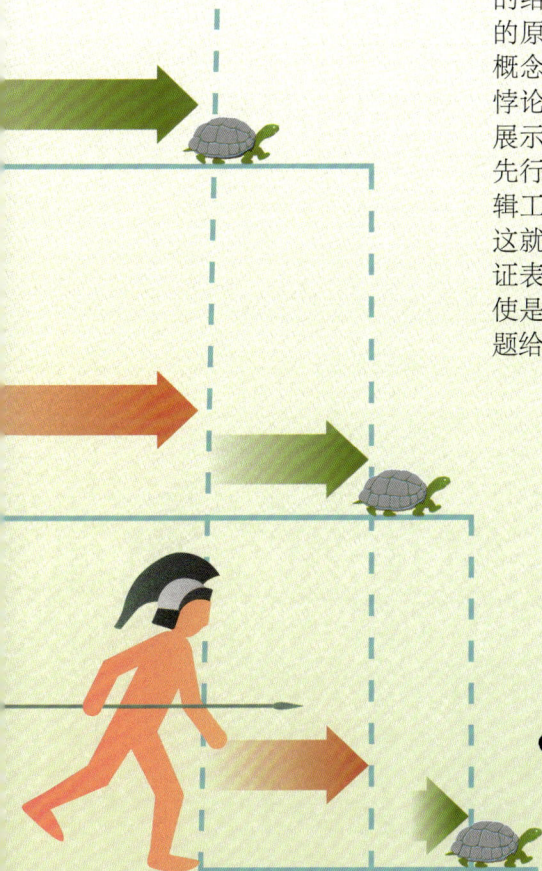

这不可能是真的！

克里特的埃皮米尼得斯提出的著名悖论"所有的克里特人都说谎"展示了自指命题的复杂性。当说话者本人是克里特人时，这句话就陷入了自我矛盾；如果命题为真，则说话者在说谎，如果他在说谎，则命题为假。这种自我指涉的悖论揭示了语言和逻辑的深层复杂性。

令人困惑的悖论

即使一个论证看似合理，且基于真实的前提，也可能得出一个错误或自相矛盾的结论——这就是悖论。判断悖论产生的原因——是推理错误、前提错误还是概念模糊——往往十分困难。最著名的悖论之一是由埃利亚的芝诺提出的，就展示了这种困境：阿基里斯永远追不上先行出发的乌龟。哲学家们使用传统逻辑工具，很难找出他推理中的错误。而这就是悖论的问题所在——尽管这个论证表面逻辑严密，结论却明显荒谬。即使是现代数学技术，也尚未为芝诺的难题给出完美解答。

◑ 阿基里斯与乌龟

在芝诺的悖论中，阿基里斯看似永远无法追上乌龟，因为每当阿基里斯到达乌龟先前的位置时，乌龟又向前移动了一段距离。

参见：90~91、92~93、103~103

逻辑和科学
存在何种关系？

虽然自然科学主要依赖观察和实验，与纯粹的逻辑推理不同，但科学家们在解释观察现象时，已经发展出一套运用逻辑方法呈现证据、验证理论的系统方法。

寻找规则

亚里士多德被公认为科学方法的奠基人，他的研究工作展现出高度的系统性。他不仅开创了逻辑论证的分析与分类体系，还系统化地组织了自己的哲学思想。作为一名热忱的自然学家，他同样系统性地整理了对自然界的观察记录。他致力于对所有生物进行逻辑分类，依据生物特征进行分组。例如，通过观察所有鱼类都具有鳞片这一特征，他将其作为区分鱼类与其他海洋生物的标准。这种方法体现了从具体观察中归纳普遍规律的科学思维。

科学家以逻辑的
方式解决问题

> 若一确信而始者，将止于怀疑；而一怀疑而始者，将止于确信。
>
> 弗朗西斯·培根

科学方法

亚里士多德确立的观察和分析原则为后世科学奠定了基础。这些原则被伊斯兰科学家和哲学家继承发展，他们不仅观察自然现象，还引入了实验方法。这一传统最终催生了弗朗西斯·培根提出的系统化科学方法。培根的方法遵循严格的逻辑步骤：从观察出发，形成解释现象的假设，然后设计实验验证假设。与传统归纳法不同，这种方法强调通过实验重现特定条件来验证预测，实验结果则成为支持或反驳理论的关键证据。

做出观察

科学家首先注意到一个破碎物体（很可能是花瓶）及其碎片的特征：碎片呈现三种不同的颜色。这一观察为后续研究提供了基础数据。

形成假设

基于观察结果，科学家尝试重建物体的原始形态。一个可能的假设是：这些碎片能够按照三种颜色的带状分布重新组合。这一假设为实验设计提供了方向。

弗朗西斯·培根在进行一项冷藏实验时，试图通过将雪填入鸡体内来研究冷冻保存的效果。这一实验导致他感染肺炎，最终不治身亡。

聪明的计算机

早期计算机仅能执行基础算术运算，其程序由简单的数学规则构成。为了实现更复杂的任务，必须将这些任务分解为一系列逻辑严密的步骤，并以计算机可识别的逻辑形式呈现。正是新型数学逻辑的发展，使计算机从简单的计算工具进化为具有人工智能潜力的复杂系统。

科学验证

与亚里士多德从具体观察推导普遍规律的方法类似，科学方法本质上也是一种归纳推理。这种方法虽然无法绝对证实理论的真理性，但通过积累观察实例和设计关键实验，可以不断增强理论的可信度。科学验证的一个重要特征是实验结果的可重复性——通过重复实验来验证初始发现的可靠性。为了提高研究的客观性和准确性，科学家们发展出了精密的实验设计、测量方法和数据分析技术。以医学研究为例，采用随机对照试验的方法：将患者随机分为治疗组和对照组（使用安慰剂或不治疗），通过统计学方法比较两组的治疗效果，从而客观评估治疗方法的有效性。由此可见，逻辑推理和数学方法在科学研究中发挥着不可或缺的作用。

参见：92-93, 102-103

进行实验

为了检验假设的合理性，科学家设计实验：尝试将碎片按照假设的三种颜色带状分布进行拼接。这一步骤旨在验证假设的可操作性。

观察结果

最后，科学家通过观察实验结果来评估假设的正确性。如果修复后的花瓶确实呈现出三种颜色的带状分布，这一结果将支持最初的假设，为科学家的推理提供实证依据。

所有的天鹅都是白色的……

我们可以相信

在现代社会，科学成果已渗透到生活的方方面面，从计算机技术到转基因作物，无不彰显科学的巨大影响力。科学确实在很大程度上揭示了宇宙的运行规律，我们往往将这些科学解释视为真理。然而，一些哲学家指出，我们可能缺乏充分的逻辑依据来完全接受这些科学解释。

> 我们过去的经验不能成为未来的证据。
>
> 大卫·休谟

归纳推理的哲学困境

科学理论建立在现有证据基础之上，通过观察特定实例来推断普遍规律。这种归纳推理方法是科学认知的核心工具。例如，我们根据反复观察得出"松手后球会落地"或"太阳每天都会升起"的结论。然而，大卫·休谟对这种推理方式提出了根本性质疑。他认为，我们依赖归纳推理缺乏理性基础——相信太阳明天会升起与相信它不会升起同样缺乏充分理由。休谟指出，归纳推理依赖于两个未经证实的假设：宇宙遵循恒定规律，以及未来将与过去相似。但这些假设本身也是基于归纳推理得出的，形成了一个循环论证。休谟进一步强调，事件的恒常联结并

> 从精密机械到太空探索，人类最伟大的科学成就无不建立在归纳推理的基础之上。

不等同于因果关系，就像两个不同步的时钟，一个总是在另一个之后报时，但并非前者导致后者。他认为科学认知更多依赖于习惯和习俗，而非理性推理。尽管休谟的观点看似违背常识，但哲学家们至今仍在努力寻找其论证中的漏洞。

并非所有猫都有尾巴

归纳推理的局限性引发了对科学理论可靠性的质疑，这一难题直到20世纪中叶才由卡尔·波普尔提出新的解决方案。波普尔认同多个观察实例无法证实普遍原则，但他强调，单个反例就足以推

…… 但它是吗？

↑ 可疑的逻辑

"所有的天鹅都是白色的"这一结论在逻辑上无法得到绝对证实。无论观察到多少只白天鹅，都无法确保这一命题的普遍真实性。然而，只要观察到一只黑天鹅，就足以推翻这个普遍性结论。

科学吗？

翻整个理论。例如，无论观察到多少只有尾巴的猫，都无法确证"所有猫都有尾巴"的理论；但只要发现一只无尾猫，就能立即否定这个理论。基于此，波普尔提出了证伪主义标准：只有那些具有可证伪性（即能够通过观察或实验被证明为错误）的理论才属于科学范畴。

但是归纳推理是有效的！

如果试图通过归纳推理本身来证明其有效性，我们将陷入一个逻辑循环。例如，用"科学家依靠归纳推理成功实现登月"来论证归纳推理的可靠性，这本身就是一种归纳论证——它基于"归纳推理过去有效，所以未来也会有效"的前提。这种自我指涉的论证方式无法真正解决归纳推理的合理性问题。

> 大卫·休谟准确地指出了**归纳推理**在逻辑上无法得到**充分证明**。
>
> 卡尔·波普尔

参见：26~27, 92~93, 100~101

赌徒谬误

如果你投掷一枚质地均匀的硬币，那么它有50%的机会正面朝上。这意味着，如果投掷100次，理论上正面朝上的次数应该是50次。但人们很容易陷入一个误区，即如果硬币已经连续99次反面朝上，那么下一次正面朝上的可能性就大大增加。这是一个谬误，因为每次投掷硬币正面朝上的概率始终是50%，与之前的结果无关。

用**常识**想想就知道了！

逻辑常常显得非常抽象，与我们生活的世界似乎没有太多联系。我们无法用它来确定科学理论是否真实，而且即使是严密的逻辑论证也可能导致违背常识的悖论。因此，在证明我们的信念时，或许除了逻辑之外，常识也有其一席之地。

参见：26~27，100~101，102~103

常识与直觉

逻辑可以被理解为系统化的常识体系。许多我们直觉做出的推论往往与逻辑论证的结果一致，我们通常也能直观判断结论是否合理，而无需诉诸形式逻辑规则。然而，常识并非总是可靠——历史上，天文学家曾基于常识错误地认为地球是平的，太阳绕地球运转。有时，所谓的常识不过是未经检验的直觉或主观感受，无法为信念提供充分依据。尽管如此，在构建有效论证时，除了严格的逻辑推理，常识和直觉仍发挥着重要作用。特别是在面对悖论时（即看似合理的前提导致荒谬结论的情况），我们的直觉往往能敏锐地察觉到问题所在。

这种常识性的警示促使我们运用逻辑工具对论证进行更细致的检验。

> 亚里士多德是最早使用"常识"这一术语的学者。他在探讨动物认知能力时首次提出了这个概念。

简单是最好的

中世纪僧侣和哲学家威廉·奥卡姆提出了一种独特的常识判断方法。面对相互竞争的理论解释时，他观察到哲学家们常常构建复杂的前提来支持自己的观点。奥卡姆主张，在解释力相当的情况下，更简洁的理论更有可能是正确的。这一原则被称为奥卡姆剃刀（Occam's Razor），因为它剔除了不必要的假设。大卫·休谟在批判笛卡儿等理性主义哲学家时运用了类似方法，质疑他们为何需要假设非物质世界的存在来支撑理论。

情感的奴隶

虽然大卫·休谟主张我们的推理应基于经验，但他也意识到，我们的判断和决策往往更多受情感驱动而非理性支配。他指出，我们倾向于用理性为情感和本能提供的指引寻找合理解释，正如他著名的论断所言："理性是情感的奴隶。"

剔除不必要的假设。

奥卡姆的剃刀 ➡

威廉·奥卡姆批评哲学家们常常过度复杂化问题。他提出，在面对多个解释力相当的理论时，最简单的解释往往最接近真理。

让常识成为指南

休谟等经验主义哲学家致力于将哲学提升到与科学同等的地位，试图通过现实世界的证据来支持其观点。在揭示科学归纳推理缺乏逻辑基础后（见第102~103页），休谟提出，我们实际上依赖习俗或"心理习惯"作为认知指南。他认为，虽然科学信念无法得到理性证明，但人类仍不可避免地基于过去经验推断未来。在这种认知框架下，常识发挥着关键作用。当出现看似违背自然规律的事件（如所谓奇迹）时，我们的常识——同样源于经验积累——会判断其真实性存疑。根据休谟的观点，一个事件违背所有已知经验的可能性，远低于我们的感官被欺骗或事件报道失实的可能性。

能用**简单**方式做的，却选择更**复杂**的方式，是**徒劳无益的**。

威廉·奥卡姆

路德维希·维特根斯坦
1889—1951

作为20世纪最具影响力的思想家之一，路德维希·维特根斯坦的学术道路颇为独特。他在维也纳接受家庭教育直至14岁，随后专攻数学和工程学。对逻辑和哲学的浓厚兴趣促使他于1911年赴剑桥大学，师从伯特兰·罗素研习逻辑学。他的代表作《逻辑哲学论》手稿在第一次世界大战期间始终随身携带，直到他被俘后，这份珍贵的手稿才辗转交到罗素手中。

维特根斯坦家族

维特根斯坦家族凭借钢铁制造业积累了大量财富，在维也纳社交圈中地位显赫。作曲家古斯塔夫·马勒和约翰内斯·布拉姆斯经常造访其家族宅邸。路德维希作为家中八个孩子中最年幼的一个，成长环境优渥但充满悲剧色彩——他的三个兄弟先后自杀身亡。唯一的哥哥保罗是著名的音乐会钢琴家，在第一次世界大战中失去右臂后，他委托创作了大量专为左手演奏的钢琴作品。

战时服役

第一次世界大战爆发后，维特根斯坦自愿加入奥地利军队。他先后在军舰和炮兵工厂服役，1916年被调往俄国前线。在战斗中，他因表现英勇获得多枚勋章。然而，战争末期他在意大利被俘，直到1919年8月，即停战九个月后才获释。

在第二次世界大战期间，维特根斯坦离开了剑桥大学，在伦敦的盖伊医院做勤杂工，之后又去新卡斯尔担任实验室助理，每周薪水只有4英镑。

语言和逻辑

在1921年出版的《逻辑哲学论》中，维特根斯坦深入探讨了语言与世界的关系，指出哲学问题往往源于对语言逻辑的误解。他进一步发展了这一观点，认为哲学困惑本质上是语言混淆的结果，而通过细致分析语言的实际使用方式，这些问题是能够得到解决的。

> "哲学的复杂性不在于学科本身，而在于我们对其理解得不全面。"

不情愿的教授

在经历了乡村教师和园丁等职业后，维特根斯坦于1929年重返剑桥担任讲师，1939年晋升为教授。他的授课风格独特：内容密集却从不使用笔记，常常斜倚在躺椅上讲课。他时常提前结束课程，只为赶赴电影院观看钟爱的西部片。这位特立独行的哲学家甚至建议学生寻找比哲学"更有价值"的工作。

逻辑可以告诉我们

在分析论证时，我们常常面临表述模糊的问题。许多论证以笼统的方式呈现，具体内容不够清晰。因此，在评估论证的逻辑严密性和前提真实性之前，往往需要对其进行细致的解析和重构。

从无用的**知识**中可以获得很多乐趣。

伯特兰·罗素

表述模糊问题

哲学家、政治家、律师和科学家都运用论证来支持自己的观点。逻辑为我们提供了评估这些论证力度的工具。然而，日常语言表达往往使论证结构模糊不清。在哲学分析中，将论述"翻译"成清晰的逻辑形式通常很有帮助。通过识别论证的前提及其与结论的关联，我们能够更准确地评估论证质量。有时，即使是看似简单的陈述也需要深入分析才能准确把握其含义。正如伯特

参见：90-91，92-93

伯特兰·罗素因其反战活动曾两度被英国政府监禁。

逻辑和数学

1910年至1913年间，伯特兰·罗素与其导师阿尔弗雷德·诺思·怀特海合作完成了三卷本逻辑学巨著《数学原理》。这部著作试图证明数学源于逻辑基本原理，并主张数学本质上是逻辑的一个分支。

兰·罗素强调的，揭示日常语言背后的"逻辑形式"是哲学分析的关键步骤。要判断陈述的真实性，首先必须准确理解其意义。

罗素的描述理论

罗素最著名的贡献之一是他的"描述理论"。描述是指诸如"英国女王"或"地球这颗行星"这样的短语，它们与专有名词一样用于指称特定对象。我们使用描述来做出关于这些对象的真或假的陈述，例如"英国女王住在官殿里"。然而，有些描述看似指称特定对象，实际上却无所指称。以"法国国王是秃头"为例，这个句子看似在描述某个特定对象"法国国王"的特征，但由于法国没有国王，这个描述实际上无所指称。罗素指出，要理解这类短语的意义，关键在于认识到句子包含三个独立陈述：（1）至少存在一个法国国王，（2）至多存在一个法国国王，（3）如果存在这样的国王，那么他是秃头。通过这种分析，即使法国没有国王，这个句子仍然具有意义，只是为假。罗素的理论解决了非指称性描述如何能够做出有意义陈述的问题，尽管哲学家们对其正确性仍存在争议。

什么？

没看见任何人

其他的一些表述，比如"nobody"（意为"没有人"）和"everything"（意为"所有事物"），并不能具体指向某个对象。哲学家将这些词汇归类为量词。让我们以刘易斯·卡罗尔（他同样是一位杰出的逻辑学家，其作品深受罗素喜爱）的《镜中世界》中的一段对话为例："爱丽丝说：'路上空无一人。'国王带着一丝烦恼的口吻回道：'我真希望能拥有这样的视力，能看见"没有人"！'"在此，国王误以为"nobody"能像指代某个具体人物那样使用，但实则不然。"Frank ran"（弗兰克跑了）与"Nobody ran"（没有人跑）这两个句子在结构上看似相近，但"nobody"并非像"Frank"那样用作人名。实际上，爱丽丝表达的是，她在路上所能看到的人数为零。

如何分析一个陈述

金山坐落在西藏。

至少有一座金山。

至多有一座金山。

如果有这样一座山，那么它在西藏。

● 语言中的逻辑

在我们判断"金山坐落在西藏"这一陈述是真是假之前，首先必须将其分解为逻辑形式，以确保我们理解了它的含义。

哲学家们构建了诸多关于宇宙及我们身处其间的位置的理论，并通过逻辑论证来支持这些理论。然而，尽管我们拥有描述物质世界的丰富语言，但在探讨诸如宗教信仰或道德伦理等议题时，语言却往往显得捉襟见肘，难以充分表达。

描绘世界

与众多先前的哲学家相仿，路德维希·维特根斯坦也致力于探索我们对世界的理解是否存在极限。他的研究方法聚焦于我们如何利用语言来表达对世界的思考。维特根斯坦认为，当我们尝试理解和诠释世界时，是通过语言来对其进行描述的。语言赋予了我们"描绘"世界的能力。世界本身具有一定的

⬆ 语言的基石

根据路德维希·维特根斯坦早期的哲学观点，我们使用语言来"描绘"世界。我们提出关于世界的真或假的命题，因此，语言的结构反映了世界的结构。

一定有合乎逻辑

结构，而我们用以表达这个世界的语言，其结构与之相呼应。我们可以借助诸如"狗"这样的名称，为现实世界的实体贴上标签，这些标签构成了语言的基础单元。随后，我们可以灵活组合这些名称，创造出关于世界的多样命题或"画面"，比如"狗在吠叫"。这些命题的真实性取决于世界是否与我们"描绘"的一致：若狗确实在吠叫，则命题为真；反之，则为假。

> ## 我的语言的极限就是我的世界的极限。
>
> 路德维希·维特根斯坦

语言的局限

👉 **路德维希·维特根斯坦对自己的工作极为保密，总是将资料锁在保险箱里。**

然而，要使语言富有意义，命题必须由能够指代我们亲身经历过的世界元素的名称所构成。维特根斯坦主张，有意义的语言仅限于能够形成此类命题的范畴。他深信，涉及伦理学、道德、形而上学以及宗教的论断，并不构成有意义的命题。这些论断并不"描绘"任何具体的对象或情境，因此无法有效地断言任何事实。尽管如此，他仍然认为这些论断具有某种启示性，能够引领我们触及那些言语难以尽述的"神秘"领域。

语言帮助我们构建起对世界的认知图景。

命题

的解释！

私人语言与公共语言

维特根斯坦后来对语言的看法发生了改变。他意识到，语言实际上被用于多种多样的场景，而不仅仅是用来对世界进行描述。这一认识促使他发展出一种截然不同的哲学观，该观点强调语言就像是一个工具箱：它包含各种表达方式，以适应不同场景。维特根斯坦后期哲学中最著名的论点或许是他的"私人语言论证"。他主张，我们无法为私人的、主观的体验（如疼痛的感觉）贴上具有意义的标签，因为我们无法验证自己是否正确地使用了这些标签。因此，这种私人语言本质上是毫无意义的。维特根斯坦认为，必须存在一种"公共语言"，在这种语言中，词语的意义来自于我们使用它们的方式。一个词语或陈述并不指向一个特定的事物，它的意义取决于它被使用的语境。在他看来，所有的哲学问题都源于由语言实际使用方式所引起的语言混淆。他论证道，我们不需要为这类问题寻找解决方案；我们需要的是认识到，从一开始就根本不存在所谓的问题。

参见：108~109

盒子里的甲虫

为了阐述其关于私人语言和公共语言的思想，维特根斯坦运用了一个类比：想象我们每个人手中都有一个盒子，盒子里藏着他人无法窥见的秘密。我们把这个不可见的东西统称为"甲虫"。每个人在提到"甲虫"时，都认为自己是通过观察盒子里的内容来理解的。然而，事实上，我们每个人的盒子里可能都藏着截然不同的"甲虫"。尽管如此，当我们说"甲虫"时，我们实际上是在指代"盒子里的那个东西"，而不去深究每个盒子里具体装的是什么。

理性和

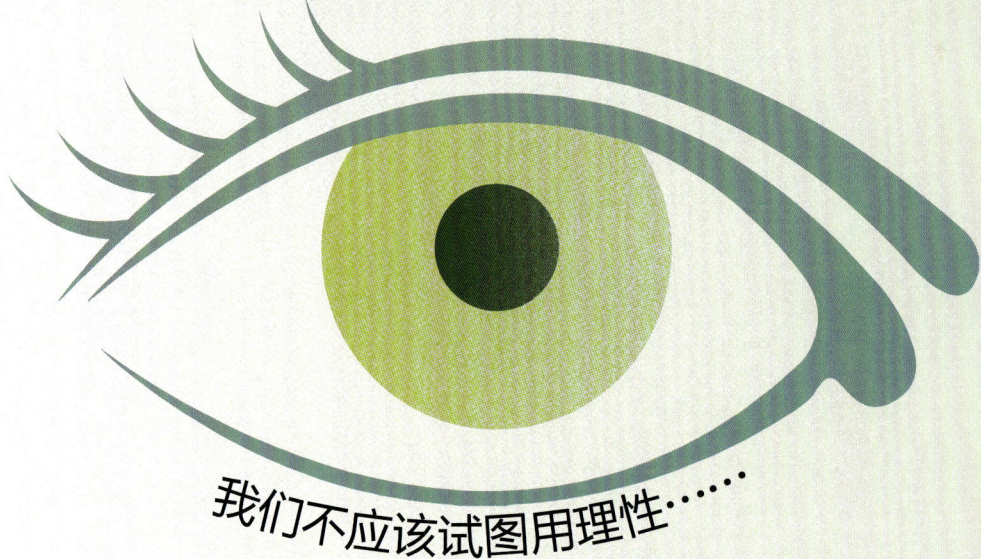

我们不应该试图用理性……

早期的哲学家们运用逻辑推理来探索他们周遭的世界，试图以理性的阐释替代传统的信仰。然而，哲学推理既可以被用来为宗教信仰提供合理的支撑，也可以被用来对这些信仰提出质疑。而且，有些事情仅凭理性是无法解释的。

不死之身

早期希腊哲学家们虽然致力于用理性解释取代传统信仰，但这并未对他们的宗教观念构成实质性的威胁。他们对宗教的理解与现代人关于"至高无上存在"的观念截然不同：他们认为不朽神灵的存在是理所当然的，并且相信这些神灵的生活方式与人类相似（尽管这种生活方式是普通人难以企及的）。然而，他们并不鼓励哲学家公开表达无神论的观点，因为在当时，批判传统的神灵观念被认为是不明智的行为。像柏拉图这样的哲学家，并没有简单地接受"至高无上的存在"或"不朽灵魂"等概念作为纯粹的信仰问题，而是通过逻辑推理为自己的信仰寻找合理的依据。

道家、儒家和佛教既可以被视为哲学体系，也可以被视为宗教，因为理性和信仰在它们的世界观中都扮演着至关重要的角色。

基督教和伊斯兰教

随着基督教在欧洲的兴起，人们对理性思考的态度发生了翻天覆地的变化。在中世纪，教会主导着生活的各个方面，并要求信徒对其教义持有绝对的信仰。神学（即研究上帝和宗教信仰的学科）在这一时期凌驾于哲学之上，而希腊哲学家的思想遗产则遭受了怀疑，甚至常常面临敌视。然而，随着时间的推移，柏拉图和亚里士多德的思想逐渐被接受，但此时的哲学推理（被视为上帝赋予人类的一种能力）主要被用来为信仰教条提供理性的支撑，例如证明上帝的存在、天堂与地狱的存在等。另一方面，伊斯兰教则持有一种不同的观点，他们认为其信仰与西方哲学之间几乎不存在不可调和的矛盾。伊斯兰学者在致

信仰可以共存吗？

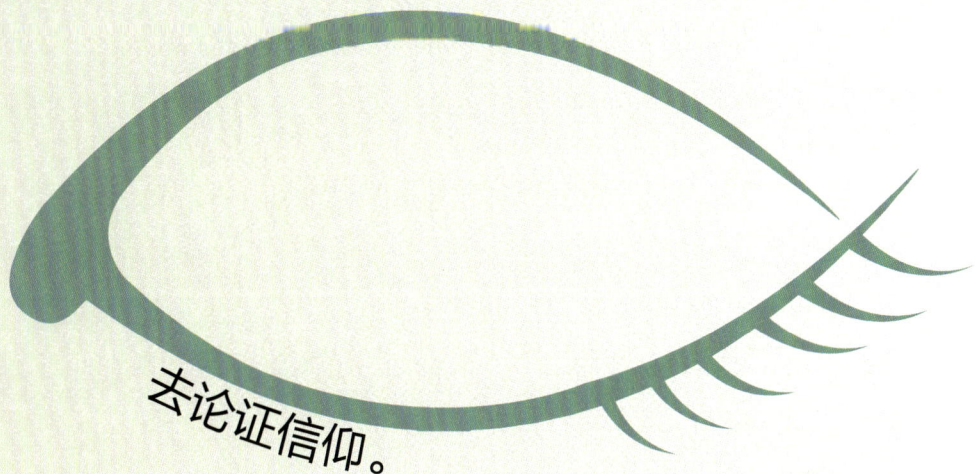

去论证信仰。

力于神学研究的同时，也对希腊哲学家的著作进行了深入的研究和完善，并在数学和科学领域取得了巨大的进步。他们隐约意识到，信仰与理性各自有其独特的存在空间和价值。

一个世俗的世界？

在欧洲文艺复兴时期，教会的权力逐渐衰落，宗教领袖的影响力被政治领袖所取代。社会立法开始更多地基于道德哲学的推理，而非神圣的教条。与此同时，一场科学革命悄然兴起，对许多传统的宗教信仰提出了挑战。在这一背景下，一种新的观念逐渐形成：理性思考与宗教信仰可以共存，但它们属于两个截然不同的领域。尽管19世纪物质主义哲学兴起，宣称只有物质才是真实存在的，并涌现出一批认为无法用理性解释的事物毫无价值的哲学家，但这种理性

与信仰并存的观念一直延续至今。如今，大多数哲学家都承认，有些事情无法完全通过理性来证明，哲学和科学也并不能解答所有问题。尽管推理，尤其是科学，有时可能与宗教的一些基本信仰相冲突，但仍有许多科学家和哲学家保持着宗教信仰。然而，当推理被用来支撑那些已经基于信仰接受的事物，或者当信仰被用作推理的替代品时，问题就会产生。当宗教或政治教条被用来否认理性和科学的论点时，理性的辩论就会变得异常困难，甚至陷入僵局。

参见：44~45，66~67

> 不要为了**相信**而去寻求理解，而要相信以便你能够**理解**。
>
> 奥古斯丁

我们常常需要说服他人接受我们的观点，并让他们相信我们的想法。无论是在正式的辩论、演讲中，还是在与朋友的日常讨论中，仅仅陈述观点往往是不够的。相比之下，用合理的逻辑论据来支撑论点，会显得更有分量，也更容易让人信服。

说服力

寻找解决方案

许多工作都涉及解决问题或做出决策。在采取行动之前，仔细思考任务本身以及可用的方案至关重要。通过系统性地分析问题，我们可以更清晰地预见可能的逻辑后果，并制定出更有效的解决方案。

实践中的
逻辑

赢得辩论

律师在代表客户时，会基于现有证据及其与法律的关系来构建案件。然而，要想说服法官或陪审团，并无可置疑地证明案件的合理性，他们必须提出逻辑严密的论点，同时指出对方论点中的矛盾或不一致之处。只有这样，才能在辩论中占据上风。

经济问题

不同政党之间的经济政策往往存在显著差异，但他们都宣称自己的方案是实现繁荣的最佳途径。要在这些政策之间做出明智的选择，我们必须评估其论点的说服力，并分析这些政策的逻辑后果。只有通过理性分析，才能判断哪种政策更有可能带来预期的经济效益。

对于任何任务来说，以清晰和有逻辑的方式思考问题都非常重要，尤其是在学习和研究中。系统地处理一个项目或准备考试会事半功倍，因为如果信息按照逻辑顺序排列，会更容易被理解和记忆。

有逻辑地学习

学科进步

自然科学建立在归纳推理的基础上，即通过观察和实验推导出理论。用于检验这些理论的方法在不断改进，这不仅揭示了现有理论的局限性，也为推动科学进步的新发现铺平了道路。

逻辑最初是作为哲学论证的分析工具而发展起来的，但其应用范围早已超越了哲学领域。逻辑原则具有普遍适用性，可以为任何信念体系或理论框架提供论证支持。作为人类理性思维的核心——即我们的推理能力——逻辑思维几乎可以应用于所有认知领域。逻辑不仅为我们提供了严谨的思考方法，更重要的是构建了一个系统化的思维框架，使我们能够进行清晰、连贯和有说服力地论证。

关于替代性药物、特殊膳食或"超级食品"的宣称常常承诺奇迹般的效果。如果这些宣称听起来好得令人难以置信，那很可能是因为几乎没有证据证明它们确实有效。在它们被认为既有效又安全之前，必须通过科学方法进行严格的测试。

强大机器

伪科学

逻辑在计算机科学和信息技术领域至关重要。编程要求将任务分解为一系列合乎逻辑的步骤，以便让计算机执行。数学逻辑的发展不仅扩大了计算机技术的应用范围，还提高了安全性（例如防止身份盗用）。

什么是对的?
什么是错的?

没有绝对的好与坏

什么是美好的生活？

对与错是相对的

只要目的正确，就可以不择手段吗？

你想生活在什么样的社会中？

什么构成了一个文明的社会？

自由和正义有可能并存吗？

人和人之间并没有平等的权利

这与上帝有什么关系？

我们是否正在扮演上帝？

什么是艺术？

道德哲学或称伦理学，作为哲学的重要分支，致力于探讨人类行为的对错标准以及美好生活的实现方式。与此密切相关的政治哲学则聚焦于社会组织的理论基础，深入探讨正义、自由、平等等核心价值理念，并研究如何构建理想的社会制度与治理模式。

没有绝对的

万岁！

"这是好的"
表示认同

虽然哲学常常被视为探讨抽象概念的学科，似乎与日常生活相距甚远，但其中的道德哲学（伦理学）分支却直接关乎我们的现实生活——它深入研究人类的是非观念、善恶标准，以及道德判断和行为的基础。

什么是美德？

与其他哲学领域类似，道德哲学致力于为那些被传统习俗简单接受的信念寻找理性依据。善恶观念往往源于宗教教义或文化传统，而法律则界定了行为的对错标准。然而，以苏格拉底为代表的哲学家们并不满足于被动接受这些既定规范。他们试图揭示行为在道德上被视为善或恶的本质属性。苏格拉底通过质疑传统观念，提出"什么是美德？"这一根本性问题，旨在定义我们判断行为为道德属性的标准。道德哲学正是通过这种理性论证的方式，试图识别道德行为的本质特征，从而为我们的道德判断提供合理的理论基础。

参见：14~15，110~111

个人层面与社会层面

道德哲学（伦理学）的核心任务在于探究人类如何进行道德判断，即如何确定一个行为的道德属性。这一探究涉及两个层面：在个人层面，它帮助我们确立道德准则，明确是非对错的标准；在社会层面，这些道德判断构成了法律制定的基础。法律体系不仅具有预防犯罪和维护正义的功能，更重要的是，它塑造了整个社会的治理模式和政治结构。

道德规则并不是理性论证的结论。

大卫·休谟

好与坏

> 道德规则不能仅仅因为是由权威提出的就被视为有效。

A.J.艾耶尔

"这是坏的"表示不赞同

拇指向下 ➜

大卫·休谟和A.J.艾耶尔认为，我们不能对道德进行理性推理，因为我们的主观感受将决定我们是否认为某个行为或观点在道德上是正确或错误的。

嘘！

休谟的"是/应当"难题

大卫·休谟对理性在道德判断中的作用提出了根本性质疑。他指出，理性推理虽然能够证明事物的实然状态（"是"），但这与确定事物的应然状态（"应当"）存在本质区别——事实世界与价值世界之间存在差异。休谟强调，我们无法从描述性的"是"中推导出规范性的"应当"，因此理性不能作为道德判断的基础。他认为，道德哲学中普遍存在的一个谬误是：试图通过理性论证确立事实，然后武断地推导出道德价值。在休谟看来，道德规则不可能是纯粹理性推理的产物。休谟主张，我们的观念和行为首先是由"激情"——即情感和本能冲动——所塑造，理性只是事后为这些行为提供辩护的工具。同样，人类具有一种先天的"道德感"，这种情感机制指导着我们的道德决策，而道德规则正是源于这种内在的道德情感。

> "morality（道德）"一词源自拉丁语的"moralitas"，意为"恰当的行为"。

嘘！万岁！

继休谟之后，多位哲学家对理性在道德判断中的作用提出了质疑。20世纪30年代，英国哲学家A.J.艾耶尔进一步发展了这一观点，提出了著名的情感主义理论。艾耶尔认为，道德陈述表面看似在陈述事实，实质上只是在表达情感态度。以"杀人是不对的"这一道德判断为例，它看似在陈述一个客观事实，但实际上只是表达了说话者对杀人行为的否定态度——类似于"对杀戮发嘘声"。同样，"慈善是好事"也只是表达了说话者对慈善行为的肯定态度，类似于说"为慈善万岁！"。在艾耶尔看来，这些道德判断并不具有认知意义，既不能被证实也不能被证伪。艾耶尔将这种理论称为"情感主义"，因其强调道德陈述的情感表达功能，也被形象地称为"嘘/万岁理论"。与休谟的观点一脉相承，艾耶尔同样认为道德判断植根于人类的情感反应，而非理性推理。值得注意的是，像"我反对杀人"这样的陈述则具有认知意义，因为它描述了一个可能为真或为假的心理事实。

什么是 美好的生活？

道德判断不仅指导着我们在具体情境中的行为选择，更塑造了我们的生活方式。这种以道德为基础的生活方式，往往与个人的幸福感密切相关。古希腊哲学为我们理解这种关联提供了深刻的洞见。

实现潜能

古希腊人使用的"arete"一词通常被译为"美德"，但其内涵远比现代意义上的美德更为丰富。它与"美好生活"的概念紧密相连，不仅包含道德正确的含义，还体现了追求卓越、实现个人全部潜能的理念。苏格拉底认为，理解"arete"的本质是实践德行的前提——真正的美德知识必然导致德性生活。在

> 没有**智慧、高尚和正义**的生活，就不可能有**快乐**的生活。
>
> 伊壁鸠鲁

德性生活

在古希腊文化中，"美好生活"（eudaimonia）是一个核心概念。这个词的字面意思是"良好的精神"，它不仅指道德上正确的生活方式，还包含了一种深层的满足感和幸福感——用现代术语来说，就是一种充实的人生。古希腊哲学家认为，按照道德原则生活能够带来这种充实感：当我们遵循自己的道德信念行事时会感到内心平静，而违背道德准则则会感到不安。因此，他们致力于探究善恶的本质，并定义各种美德，因为美德被视为实现美好幸福生活的关键。

自然主义谬误

摩尔在其伦理学理论中提出了著名的"自然主义谬误"概念。他认为，诸如"善"这样的伦理概念与"愉悦"等事实概念存在本质区别。将"善"等同于"愉悦"是一种概念混淆，因为"愉悦"描述的是可观察的自然属性，而"善"则属于完全不同的范畴。伦理术语并不指涉自然界中的具体事物，而是表达我们通过直觉或道德感所把握的非自然属性。

美德

感官享乐

美好
生活

满足感

品德高尚

快乐

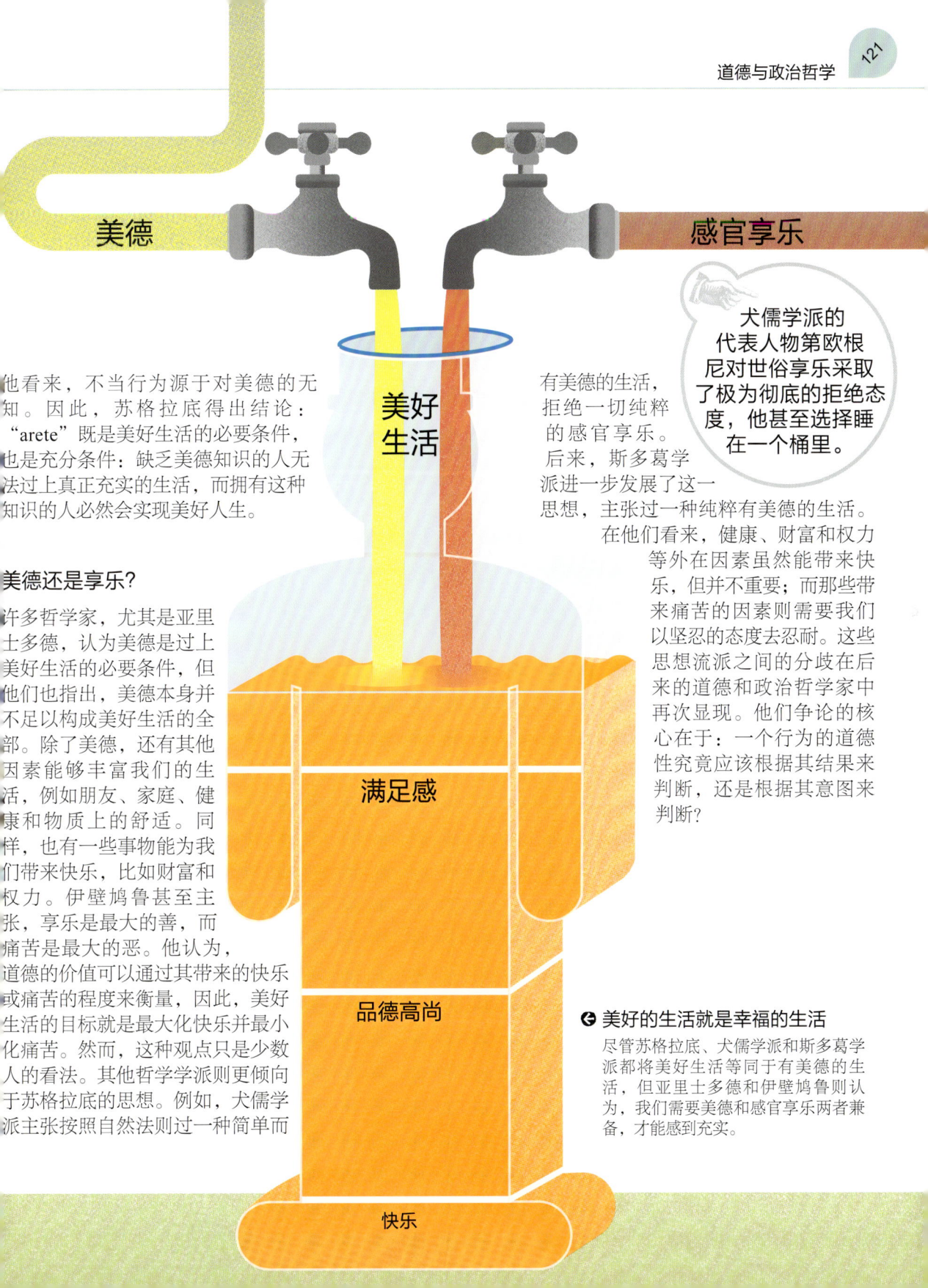

他看来，不当行为源于对美德的无知。因此，苏格拉底得出结论："arete"既是美好生活的必要条件，也是充分条件：缺乏美德知识的人无法过上真正充实的生活，而拥有这种知识的人必然会实现美好人生。

美德还是享乐？

许多哲学家，尤其是亚里士多德，认为美德是过上美好生活的必要条件，但他们也指出，美德本身并不足以构成美好生活的全部。除了美德，还有其他因素能够丰富我们的生活，例如朋友、家庭、健康和物质上的舒适。同样，也有一些事物能为我们带来快乐，比如财富和权力。伊壁鸠鲁甚至主张，享乐是最大的善，而痛苦是最大的恶。他认为，道德的价值可以通过其带来的快乐或痛苦的程度来衡量，因此，美好生活的目标就是最大化快乐并最小化痛苦。然而，这种观点只是少数人的看法。其他哲学学派则更倾向于苏格拉底的思想。例如，犬儒学派主张按照自然法则过一种简单而

有美德的生活，拒绝一切纯粹的感官享乐。后来，斯多葛学派进一步发展了这一思想，主张过一种纯粹有美德的生活。在他们看来，健康、财富和权力等外在因素虽然能带来快乐，但并不重要；而那些带来痛苦的因素则需要我们以坚忍的态度去忍耐。这些思想流派之间的分歧在后来的道德和政治哲学家中再次显现。他们争论的核心在于：一个行为的道德性究竟应该根据其结果来判断，还是根据其意图来判断？

犬儒学派的代表人物第欧根尼对世俗享乐采取了极为彻底的拒绝态度，他甚至选择睡在一个桶里。

● 美好的生活就是幸福的生活

尽管苏格拉底、犬儒学派和斯多葛学派都将美好生活等同于有美德的生活，但亚里士多德和伊壁鸠鲁则认为，我们需要美德和感官享乐两者兼备，才能感到充实。

苏格拉底

公元前469—前399

苏格拉底出生于公元前469年，是希腊城邦雅典一位石匠和助产士的儿子。他被誉为西方哲学的第一位伟大人物，但至今仍是一个充满谜团的人物。由于他本人没有留下任何直接著作，我们对他的了解主要依赖于他人的记录，尤其是他的学生柏拉图和历史学家色诺芬的著作。

所有关于苏格拉底的描述都称他相貌丑陋：他身材矮小粗壮，眼睛凸出，仿佛总是瞪着眼珠子。

职业改变

在从事石匠工作之后，苏格拉底在伯罗奔尼撒战争期间加入了雅典军队，与斯巴达人作战。他参与了三次战役，其中包括围攻波提狄亚的战斗。在那场战斗中，他救下了雅典将领阿尔西比亚德斯。战争结束后，他回到雅典，成为了一名全职哲学家。他四处游历，将整个雅典当作自己的课堂，与人们展开对话和讨论。

苏格拉底学习法

苏格拉底乐于与任何人交谈，他用来教学和探讨问题的方法后来被称为"苏格拉底学习法"。在提问之前，他会摆出一副完全无知的样子，然后通过提出探究性和澄清性的问题，逐步揭示对方知识上的漏洞或论证中的逻辑缺陷。这种方法不仅帮助学生发现真理，还引导他们通过自己的思考达到更深层次的理解。

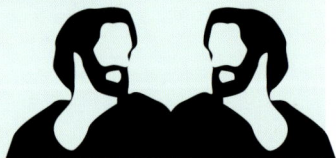

世界公民

苏格拉底将他的哲学思想牢牢聚焦于人类本身。他坚信,智慧源于人们对自己的认识。他视自己为"世界公民",而不仅仅是雅典公民。他认为,最好的政府形式既不是民主制也不是独裁制,而是由最有能力的人来治理——这一观点激怒了许多雅典人。

> "未经审视的人生是不值得过的。"

受审

苏格拉底直言不讳的观点使他在雅典树敌众多。公元前400年,他被指控腐蚀青年学生的思想。在由大约500名雅典公民组成的陪审团审判中,他被判有罪并被判处死刑。尽管有机会逃跑,苏格拉底却选择接受判决。一年后,他亲自执行了对自己的死刑——饮下了一杯毒芹汁。

对与错是相对的

大多数人会毫不犹豫地认为，无论你是谁，种族灭绝和酷刑在道德上都是错误的。但事实真的如此吗？一些哲学家认为，所有的道德都是相对的，依赖于文化背景；而另一些人则坚持认为，至少存在一些普遍的、绝对的道德准则。

参见：118~119，120~121

我们的价值观是主观的

尽管苏格拉底和其他古希腊道德哲学家试图通过寻找美德的属性来定义道德，但另一群思想家提出了不同的观点。他们认为，关于某件事是对是错的问题，并没有简单唯一的答案。智者学派最初是一群律师，他们通过收取费用，利用语言和辩论技巧在法庭上为客户辩护。通常，两个对立的客户都声称自己是正确的。基于这种经验，普罗泰戈拉等哲学家发展出了一种观点：每个论点都有多面性，关于对与错的看法取决于我们的感知——道德是基于主观价值的。一件事被视为对或错，很大程度上是由社会群体的文化和传统决定的。因此，任何断言或行为的道德性必须相对于该群体所接受的标准来判断。

孩子们必须被教导如何区分对与错——他们需要学习自己社会的道德价值观。

取决于你

认为对与错取决于不同社会群体规范的观点被称为相对主义。不同的文化有不同的习俗，关于何为道德正确的看法也会随着时间的推移而改变。例如，奴隶制在古希腊是被道德上接受的，但在今天显然被认为是错误的。同样，关于死刑的道德正当性，不仅各国之间存在分歧，甚至在一个国家

选择的自由

与相对主义持相反观点的是伊曼努尔·康德。他认为，道德与科学一样，是建立在理性基础之上的，并且道德法则如同科学法则一样，不允许有例外——理性表明，道德上正确的事情就永远是正确的。康德提出，我们应当遵循"绝对命令"：仅按照你希望成为普遍法则的准则去行事。

每种观点不只有一个立场。

是的

内部也存在争议。对于相对主义者来
说，道德不过是某个特定时间和地点上
个人或大多数人所认可的东西。从这个
角度来看，道德判断仅仅是个人意见的
问题。当我们觉得某件事在道德上是错
误的，对我们来说这样判断是对的；而
对于那些有不同感受的人来说，这样判
断可能是错误的。相对主义者认为，不
存在客观的道德真理。

不，并非一切都是相对的。

相对主义常被用来为对他人的观点和习
俗的更大包容提供理由，尤其是在多元
文化社会中。然而，如果认为我们不能
批判任何道德主张，这一观点就难以被
接受。例如，当其他文化中残忍的刑罚
制度被视为可接受时，我们如何能够判
定谴责这类事情是否正确？如果道德仅
仅是文化观点的问题，那么我们甚至没
有理由去批判暴政或种族灭绝。如果将
相对主义推向极端，我们可能会得出
"什么都可以做"的结论。然而，尽管

人是万物的尺度。

普罗泰戈拉

社会和个人在许多道德问题上可能存在
分歧，但几乎所有人都认为某些事情是
错误的。大多数人相信存在一些绝对的
道德准则——例如，偷窃是错误的——
这些准则反映在每种文化的伦理中。

◀ 观点问题

道德相对主义者认为，关于何
为正确、何为错误，不同文化
有不同的看法，因此不存在客
观道德真理。但大多数人不认
同这一观点。

也许　　不知道　　不是

只要目的正确，就可以

面对伦理问题时，我们需要考虑许多因素。我们可能会选择严格遵循道德准则行事，完全基于对与错的判断，而不考虑后果。另一种选择则是审视我们决定的后果：但是从道德的角度来看，结果是唯一重要的吗？

> 必须理解的是，一位君主无法践行人们认为的所有善行。
>
> 尼可罗·马基亚维利

结果决定一切

在中世纪，道德观念主要由宗教而非哲学塑造。犹太教、基督教和伊斯兰教的圣书被视为上帝的话语，其中包含了规定何事为对、何事为错的法律。在欧洲文艺复兴期间，教会的权力开始衰落，世俗领袖开始使用人为制定的法律（而非神授法律）来统治国家。统治者通常都有顾问，其中意大利人尼可罗·马基亚维利为统治者写了一本颇具争议的手册《君主论》。他在书中提出，传统的个人道德不应影响政治决策，统治者必须为了国家的利益而准备采取不

> 一个没有道德原则的人会被形容为"马基雅维利式的"。

道德的行为，例如使用暴力或欺骗。尽管马基亚维利很可能是在讽刺性地描述统治者的实际行为，而非他们应该做什么，但他关于"目的证明手段正当性"的观点极具影响力。他暗示，道德应该根据行为的结果来判断，而不是行为本身。

取悦大多数人

从马基亚维利时代开始，教会在社会组织中的影响力逐渐减弱，道德哲学也不再仅仅用于为宗教规则辩护。相反，哲学家们提出了基于理性而非教条的替代方式，并发展出了一些基于结果而非绝对道德准则的道德体系。其中，最重要的体系之一是由英国哲学家杰里米·边沁提出的理论。他认为，可以通过权衡一个行为的结果有益和有害来判断其道德性。他建议，其结果可以通过它所带来的快乐或痛苦的程度，以及受到影响的人数来衡量——他称之为"幸福微积分"。这种方法几乎可以像数学一样精确地计算出结果。如果某件事能够最大化快乐并最小化痛苦，那么它就可以被认为在道德上是正确的：给最多数人带来幸福是衡量对与错的标准。

黄金法则

在几乎所有的道德哲学体系和大多数宗教中，都存在着某种形式的黄金法则。"己所不欲，勿施于人。"这一法则体现了互惠的原则——我们应该以希望别人对待自己的方式来对待他人。这一原则不仅适用于行为的意图，也适用于行为的结果。

> 大多数人的最大幸福是道德和立法的基础。
>
> 杰里米·边沁

不择手段吗？

根据结果的好坏来判断对错。

参见：112~113，124~125

快乐的大多数

杰里米·边沁认为，我们应当基于决策的后果来做出决定——能够让大多数人感到快乐的事情，在道德上必然是善的。

我们负有道德责任

然而，一些哲学家并不接受基于结果的道德观念。其中，最为突出的是伊曼努尔·康德。他认为，事情要么是对的，要么是错的，不存在例外：道德关乎责任，不应以结果来判断，无论这些结果是有益的还是有害的。例如，如果你认为说谎是错误的，

康德会争辩说，你有道德责任始终说真话。即使是出于保护某人的目的而说"善意的谎言"——比如，对暴力团伙谎报你朋友的位置——在道德上也是错误的。康德强调，我们每个人都有自由去决定什么是道德上正确的，并且必须只选择那些我们愿意作为不可动摇的规则来接受的事情。

你想生活在什么样的社会中？

道德哲学关注对与错、善与恶的概念，以及我们判断道德论断所依据的标准。这些观念与我们的社会行为密切相关，尤其是我们如何组织社会——这正是政治哲学的核心议题。

> 世界最富有的25个国家都是代议制民主国家。

人天生是政治动物。

亚里士多德

城市生活的道德观

西方哲学起源于古希腊，而希腊文明也在同一时期确立了其作为重要文化和政治力量的地位。人们聚居在以城邦为中心的社会中，各种政府形式也随之发展以组织这些社会。在雅典这样的城邦中，哲学家们不仅关注美德和伦理问题，还开始探讨城邦本身的道德问题——即其政治问题。关于"美好生活"的含义，人们认为它不仅关乎单个公民，也关乎整个城邦。像城邦这样的公民社会需要被组织起来，以使公民能够过上"美好"的生活，同时确保他们享有正义和自由。政治哲学因此发展起来，以研究社会的组织方式、决定其结构的法律，以及社会的治理方式——即由谁来制定法律，以及法律如何被执行。

哲学家治国

最早的政治哲学家之一是柏拉图，他在《理想国》一书中详细描绘了他心目中的理想社会。他认为，人们为了过上"美好生活"，基于美德的观念聚集在一起，形成了城邦这样的社会。他提出，国家的目的是为公民提供过上这种生活的手段。然而，普通公民无法仅凭自己过上真正有美德的生活，因为他们不了解美德的理想形式，而这种形式只能通过哲学推理来获得。因此，柏拉图主张，国家应由拥有必要知识的精英阶层统治——即哲学家—国王阶层，他们能够引导和教育臣民。这种认为普通人缺乏自己管理所需知识和技能的观念，即使在今天的代议制民主中依然存在：一个专业的政治家阶层被选举出来，代表人民的观点。

贵族制

谁来掌权？

民主制

➡ 权力之争

亚里士多德根据谁掌握权力以及权力为谁所用，定义了政府的各种形式。他用白棋子代表他认为有美德的形式，而黑棋子则代表腐败的形式。

规则是为了个人，还是为了公共利益?

与在哲学的几乎所有领域一样，亚里士多德在政治问题上采取了与柏拉图截然不同的立场。他以一贯的系统化方法，根据两个标准——谁统治以及为谁统治——分析和归类了各种可能的政府形式。一个国家可能由一个单独的统治者统治，也可能由一个特定的集团统治，或者由全体人民统治。他将那些为了公共利益而统治的政府形式称为"真正的"政体：君主制、贵族制和共和制（见下文）。相比之下，那些为了自身利益而统治的政府形式——暴政专制、寡头制和民主制——则被他描述为"扭曲

的"或"腐败的"。总体而言，亚里士多德认为共和制（公民为了公共利益而统治的政府）是理想的政府形式，但他也指出，民主制（人民为了自身利益而统治的政府）在腐败形式中危害最小。如今，大多数西方民主国家似乎都证实了这一评估。然而，世界上仍然存在许多"腐败"的政府形式，而且一些神权政体（由宗教官员以神的名义统治）已经拒绝了代议制民主的理想。

参见: 120~121, 132~133

民主制

亚里士多德将民主制视为"扭曲的"政体，这一观点可能令人费解，他所指的其实是古典时期的雅典民制。在当时，只有特定阶层的男性才有权参与政治，而大多数人被排除在外。现代代议制民主的理念——被亚伯拉罕·林肯描述为"民有、民治、民享的政府"——更接近亚里士多德所推崇的政体。

暴政专制　寡头制　民主制　共和制　谁来掌权?　君主制　贵族制　寡头制　民主制　共和制

汉娜·阿伦特

1905—1975

汉娜·阿伦特（原名约翰娜·阿伦特）在哥尼斯堡（今俄罗斯加里宁格勒）长大，她的家靠近俄德边境，该地区在第一次世界大战期间饱受战火摧残。七岁时，她遭遇了家庭变故——父亲去世。阿伦特在青少年时期对哲学产生了浓厚兴趣，并于20世纪20年代在马尔堡大学和海德堡大学跟随著名思想家马丁·海德格尔和卡尔·雅斯贝尔斯学习哲学。

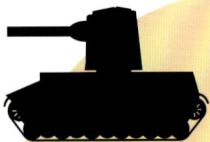

纳粹产生

20世纪30年代初，阿伦特目睹了民族社会主义德意志工人党（纳粹党）的产生。作为一名犹太人，她被禁止在大学任教。在研究纳粹宣传技巧时，她被盖世太保逮捕并审问。由于担心被捕入狱，阿伦特于1933年逃往巴黎，在那里她与难民团体合作，帮助其他人逃离德国。

逃离压迫

当德国入侵法国时，阿伦特被送往集中营，但她成功逃脱，并与丈夫海因里希·布鲁赫一起乘船前往美国。在美国，她完成了她的第一部重要作品《极权主义的起源》（1951年）。这部著作是对纳粹独裁和斯大林主义政权的里程碑式研究，而阿伦特本人也曾亲身经历过这些极权主义的压迫。

"没有任何惩罚拥有足够的威慑力来阻止犯罪的发生。"

《人的境况》

1951年，阿伦特成为美国公民，并于七年后出版了《人的境况》（*The Human Condition*）。这本书回顾了古希腊哲学家的思想，探讨了工作和公民身份的经典理想。阿伦特在书中不仅强调了个人政治参与和自由的重要性，还批判了现代社会中经济学逐渐凌驾于政治学之上的趋势。

2013年上映了一部名为《汉娜·阿伦特》的电影。该片戏剧性地展现了阿伦特在阿道夫·艾希曼审判过程中的观察与思考。

平庸的恶

1961年，阿伦特列席旁听了法庭对纳粹战犯阿道夫·艾希曼的部分审判，他在第二次世界大战期间发动了对600万犹太人的种族屠杀。阿伦特在1963年的著作《耶路撒冷的艾希曼》一书中提到：阿道夫所表现出的"平庸的恶"以及暴行，通常不是由邪恶的魔鬼发起的，而是由不加思考地执行命令的普通人实行的。她的说法引起了争论。

什么构成了一个文明的社会？

人类文明的进步伴随着社会组织规模的不断扩大：从最初的村落发展到城镇，再到现代城市和国家。这种社会结构的演进带来了显著的优势：它不仅提供了安全保障，还促进了工业发展和经济繁荣。然而，享受这些文明成果的同时，我们不得不付出相应的代价——让渡部分个人自由以换取集体利益。

> 托马斯·霍布斯对强大领导者的推崇并非空穴来风——他经历了长达20年的英国内战。

参见：128~129

自然状态

亚里士多德以其"人天生是政治动物"的著名论断，强调了人类天然的社会属性。他认为人类倾向于生活在城邦（古希腊的城市国家）这样的社会组织中是本性使然。然而，后世哲学家更关注社会的形成过程，以期更好地理解理想的社会组织方式。托马斯·霍布斯通过对比文明社会与"自然状态"的差异，提出了独特的社会契约理论。霍布斯对人性持悲观态度，他认为在不受约束的自然状态下，人们只会追求自身利益，导致"人人为己"的混乱局面。在他设想的自然状态中，人类社会将陷入永无止境的战争状态，人与人之间互为敌人，既无法创造社会财富，更

> **人类的自然状态是一种每个人对每个人的战争状态。**
>
> 托马斯·霍布斯

不可能追求美好生活。为了避免这种困境，人们自愿放弃部分自然权利，通过缔结社会契约来建立文明社会，以换取安全与秩序。

社会契约

社会契约理论认为，公民社会形成于人民与主权权威（如政府或领袖）之间的相互约定。在这种契约关系中，主权权威负责制定和执行法律，以维护社会秩序，保障人民安居乐业。霍布斯主张，为了防止社会退回到无政府的"自然状态"，必须建立一个强大的中央权威——君主或主权保护者，其权力由人民授予。然而，约翰·洛克对社会契约的理解与霍布斯存在显著差异。洛克认为，"自然状态"并非霍布斯所描述的混乱无序状态，而是一个人们相互尊重、遵循"自然法"的社会。在这种状态下，人们自然地承认彼此的基本权利，如获取生存

革命

约翰·洛克和让-雅克·卢梭的政治哲学在18世纪产生了深远影响，特别是在法国大革命和美国独立革命中发挥了重要作用。卢梭关于社会契约和自由限制的理论为后来的社会主义思想奠定了基础。在《共产党宣言》中，马克思和恩格斯进一步发展了卢梭的思想，他们呼吁无产阶级联合起来推翻资本主义制度："无产者在这个革命中失去的只是锁链，他们获得的将是整个世界。"

必需品的权利。在洛克看来，公民社会的建立不是为了限制个人权利，而是为了更好地保障这些权利。社会契约是人民授权政府作为公正仲裁者来解决冲突的机制。因此，洛克主张权力不应集中于单一权威，而应该赋予经选举产生的代议制政府。

权利归于人民

让-雅克·卢梭提出了与霍布斯截然不同的"自然状态"理论。他认为人生而自由，只要允许自主决策，人们就能够和谐共处。卢梭指出，公民社会的形成并非如洛克所言是为了保护权利和自由，而是为了保护私有财产，这实际上限制了个人的天然自由。在政治制度设计上，卢梭反对洛克的代议制政府主张，而是提倡直接民主。他认为法律应该直接来源于全体人民的意志——即他提出的"公意"概念——并且这些法律应当平等地适用于所有人，服务于全体公民的共同利益。

➲ 自由的枷锁

与霍布斯和洛克将社会视为保护性力量的观点不同，让-雅克·卢梭认为，私有财产制度和社会结构非但没有保障个人自由，反而成了束缚人性的枷锁。

> **人人生而自由，却无往不在枷锁之中。**
>
> 让-雅克·卢梭

公民社会限制了我们的天然自由。

什么是正义

自苏格拉底时代起，"什么是正义？"这一根本问题就一直困扰着哲学家们。对于如何构建正义的社会秩序，人们提出了各种不同的见解。所有政府形式都通过制定法律来规范社会，以保障公民安全。例如，禁止谋杀和盗窃的法律普遍存在于各个社会，大多数人都会认同这些限制是正义的，因为它们保护了每个人的生命和财产安全。然而，在更广泛的法律领域，如何在保护个人权利与施加必要限制之间取得平衡，往往并非如此明确。托马斯·霍布斯主张建立威权政府来维护生命和财产安全，而让-雅克·卢梭则持相反观点，认为法律应当由人民直接制定，以促进社会整体福祉——在他看来，这种民主立法不是对自由的限制，而是自由的真正体现。

> 在不伤害他人的前提下，言论自由能保障我们畅所欲言。

唯一配得上自由之名的，是按照自己的方式追求自身福祉的自由。

约翰·斯图亚特·密尔

我们应在合理范围内享有自由

在威权主义与激进民主主义之间，约翰·斯图亚特·密尔确立了英国自由主义的核心理念。他继承了杰里米·边沁的功利主义思想，即道德判断应以"大多数人的最大幸福"为标准。然而，密尔认识到这一原则在政治实践中的潜在问题：多数人的利益可能侵害少数人的权利。密尔主张，社会的责任在于培养公民将个人

自由和正义有可能并存吗？

公民社会的有效运作离不开法律体系的规范。虽然法律的存在意味着个人自由的某种限制，但它为公民提供了不可或缺的保障：保护财产安全、维护社会秩序、促进公共健康，以及捍卫基本权利。然而，法律要获得公民的普遍遵守，其公正性至关重要。只有当法律被广泛认为是公平合理的，才能真正发挥其维护社会秩序、促进公共福祉的作用。

幸福与公共利益相统一的意识，并遵循"己所不欲，勿施于人"的道德准则。他认为，每个人都应享有追求幸福的自由，但必须受到"伤害原则"的约束：个人行为只要不损害他人利益或限制他人自由，就应当被允许。只有当个人行为影响到社会整体时，国家才有权干预；政府和法律的职能仅限于保护公民免受伤害，而非过度限制个人自由。这种思想为现代自由主义奠定了重要基础。

掌控自己的命运

以赛亚·伯林提出"消极自由"和"积极自由"的经典理论。消极自由指的是免受外部干涉的状态，即摆脱强加于我们的种种限制。而积极自由则源于内心，当我们能够克服内在障碍，自主做出生活选择时所体验到的自由。

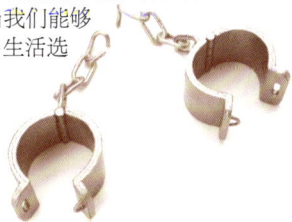

正义之争

关于正义的本质，美国哲学家约翰·罗尔斯和罗伯特·诺齐克提出了两种截然不同的理论。罗尔斯的正义理论强调公平分配，主张权利、资源和社会地位应当公平分配。他提出了著名的"无知之幕"思想实验：设想一个理想社会，在不知道自己在其中所处位置的情况下设计分配制度。这种假设消除了个人偏见，有助于建立一个真正公平的社会。与之相对，诺齐克则主张应得正义论。他认为正义的核心在于个人获得其应得之物。诺齐克强调财产权的正当性，主张政府仅在财产被非法侵占（如盗窃）时才有权干预。

我们在法律的框架内享有自由。

自由的边界

约翰·斯图亚特·密尔在其自由主义理论中提出了著名的"伤害原则"，为正义与自由的关系划定了明确界限。他认为，个人自由的边界在于不损害他人利益或妨碍他人追求幸福。只要满足这一条件，每个人都应当享有按照自己意愿行事的自由。

参见：126~127，132~133

人和人之间并没

文明社会的重要特征之一体现在其对公民权利的尊重程度上。18世纪末，启蒙时代的哲学家们首次系统阐述了社会法律应当保障的基本人权。然而，从人权理念的提出到真正实现人人平等享有这些权利，人类经历了漫长的历史过程。

血田　安全　财产

我们都是平等的，但有些人比其他人更平等。

革命与权利

美国和法国的革命运动旨在推翻专制统治，建立新的社会秩序。在约翰·洛克和让-雅克·卢梭等启蒙思想家的影响下，革命后的公民得以重新构建社会制度。这些哲学家的理念在新社会的设计中得到体现，其核心是对基本人权的确认。美国《独立宣言》明确体现了洛克的思想，宣称："我们认为这些真理是不言而喻的：人人生而平等，造物主赋予他们若干不可剥夺的权利，其中包括生命权、自由权和追求幸福的权利。"同样，法国《人权与公民权宣言》也确立了人人平等的原则，强调法律面前人人平等，并享有自由、安全和财产权。这些权利宣言不仅反映了启蒙思想的影响，也为现代民主社会奠定了基石。

⬅ 这一切并不公平

18世纪确立的自由、安全和财产权等基本人权理念，最初仅惠及部分社会群体。对于女性和少数族裔来说，这些权利仍然是难以实现的。即便在当代社会，不平等现象仍然普遍存在。

有平等的权利

女性的权利

尽管《独立宣言》和《人权与公民权宣言》为社会宪法确立了基本权利框架，并将平等列为首要的自然权利，但这些理念在实践中并未得到充分落实。男性获得了名义上的平等权利，而女性却被排除在外。面对这种不平等，奥林普·德·古热发表了《女权与女公民权宣言》直接回应法国的《人权与公民权宣言》，打响了争取女性权利的第一枪。与此同时，玛丽·沃斯通克拉夫特在《女权的辩护》中系统阐述了女性教育权和政治参与权的重要性，为女权运动奠定了理论基础。这些早期努力在19世纪不断发展，最终在20世纪形成了由西蒙娜·德·波伏娃等人领导的现代女权主义运动，推动了性别平等的实质性进步。

英国哲学家和作家玛丽·沃斯通克拉夫特是玛丽·雪莱的母亲，玛丽·雪莱正是《弗兰肯斯坦》一书的作者。

> 对黑人来说，只有一个命运。那就是变白。
>
> 弗朗茨·法农

在非洲，严重阻碍了平等进程。杜波依斯和弗朗茨·法农等哲学家提出了具有非洲裔加勒比人特色的政治理论，推动了美国及其他地区的民权运动。《世界人权宣言》的发布和国际社会对南非种族隔离等压迫政权的谴责，促进了全球范围内的平等进程。然而，许多国家仍在法律层面否认部分公民的平等权利。即使在承认普遍人权的西方国家，实质性的平等仍未完全实现。这种现实提醒我们，实现真正的平等仍是一个持续的奋斗过程。

参见: 132~133, 134~135

平等之路

被排除在外的不仅仅是女性。即使在奴隶制废除后，许多国家的黑人群体仍被剥夺公民权利。殖民主义流毒，特别是

> 女性既然有权利上断头台，就应该有权利参与辩论。
>
> 奥林普·德·古热

非暴力不合作

争取平等的斗争往往伴随着暴力冲突，但历史也证明，和平方式同样能够推动权利运动取得成功。许多具有深远影响的运动，如甘地领导的印度独立运动，都深受19世纪哲学家亨利·梭罗"公民不服从"理念的启发。梭罗主张，面对违背道德良知的法律，公民不仅有权利，更有责任通过和平抗议和非暴力不合作的方式进行抵制。这一理念为20世纪的民权运动提供了重要的思想指导和行动范式。

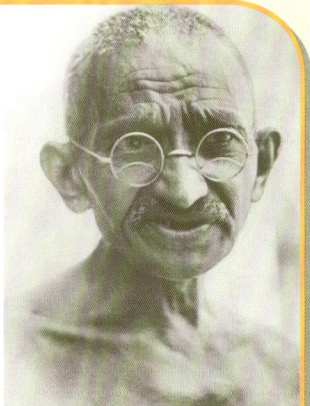

西蒙娜·德·波伏娃

1908—1986

西蒙娜·德·波伏娃于1908年出生于法国巴黎。自幼聪慧过人的她立志成为作家，后以优异成绩考入享有盛誉的巴黎高等师范学院。在求学期间，她融入了以萨特为核心的法国知识分子圈，但并未止步于此。凭借独立思考和批判精神，波伏娃最终开辟了自己的学术道路，成为对现代女权主义产生深远影响的哲学家。

波伏娃和萨特

在巴黎求学期间，波伏娃结识了让-保罗·萨特。在竞争激烈的法国教师资格考试中，萨特荣膺榜首，波伏娃则以史上最年轻考生的身份紧随其后，获得第二名。尽管波伏娃在1929年拒绝了萨特的求婚，但两人相伴一生。他们不仅是生活中的伴侣，更是思想上的知己：相互审阅作品，共同创办并编辑具有重要影响力的文学哲学杂志《现代时代》（ Les Temps Modernes ）。

波伏娃于1946年开始着手创作《第二性》，那时距离法国女性首次获得选举投票权仅仅过去了一年。

女性不是天生的，而是后天形成的

1949年，波伏娃发表了震撼学术界的800页巨著《第二性》。这部开创性作品深入探讨了历史上女性遭受的压迫。波伏娃在书中提出了著名的论断："女性不是天生的，而是后天形成的。"她指出，传统的人性论述几乎完全由男性主导，他们将男性特质确立为普遍标准，而女性则被简单地定义为符合或偏离这一标准的"他者"。

> "世界的再现，如同世界本身一样，都是男性的作品；他们从自己的视角描述世界，并将这种视角与绝对真理混为一谈。"

性别刻板印象

波伏娃在《第二性》中批判了社会对女性的负面刻板印象，例如将强势女性比作吞噬配偶的螳螂。她认为，这种污名化阻碍了女性获得独立而平等的地位。尽管该书遭到罗马天主教会的封禁，并引发广泛争议，但其影响力不容忽视：首周销量即达2万册。

小说家和活动家

1930年至1943年间，波伏娃在从事教职的同时，也保持着旺盛的创作力。她的作品体裁多样：既有记录中国、古巴和美国之行的游记，也有获得龚古尔文学奖的小说《名士风流》，以及批判社会老年歧视的《老年》。除了文学创作，波伏娃还积极参与社会运动，为堕胎合法化和阿尔及利亚独立等议题发声。

尘世社会是上帝之城的……

这与上帝有什么

民间社会的法律体系往往反映了该社会的道德哲学理念。这些法律既致力于维护社会整体福祉，也旨在保障个人基本权利。然而，许多宗教传统认为道德律法源自神启，主张世俗法律应当体现这些神圣诫命。

法律与戒律

基督教是世界第一大宗教，其次是伊斯兰教，再次是印度教。

道德和政治哲学起源于古希腊，当时的道德规范与社会法律在很大程度上独立于宗教体系，神祇与道德立法并无直接关联。然而，随着基督教的兴起，宗教重新成为欧洲社会法律的重要影响因素，类似的情况也出现在伊斯兰教主导的中东社会。这些宗教传统主张道德并非基于理性判断，而是源自神的诫命——即不可违背的神圣律法。伊斯兰教为社会结构提供了具体指导，而基督教哲学家则面临调和神律与人法的难题。到了中世纪，随着教会成为重要政治力量，君主和教皇都被视为拥有神授权力，如何协调神圣道德律法与世俗公民法的问题变得尤为突出。

上帝之城

希波的奥古斯丁作为早期基督教哲学家，在皈依前深受希腊哲学影响。他借鉴柏拉图的理念论，认为现实世界是理想世界的投影，进而提出尘世社会是"上帝之城"的映射。在奥古斯丁看来，尽管人类社会由不完美的法律所统治，但它们都以理想的"上帝之城"为蓝本。上帝赋予人类理性以认识神圣律法，并给予自由意志来制定人法。托马

理性之于人，如同上帝之于世界。

托马斯·阿奎那

映射吗？

关系？

斯·阿奎那进一步发展了这一思想，提出上帝的永恒法包含"自然法"——即基于人类内在道德、美德和价值观的普遍法则。自然法构成世俗法律的基础，且只是神圣律法的一部分。

> 宗教是被压迫生灵的叹息，是无情世界的良心，是无灵魂之境的灵魂。
>
> 卡尔·马克思

权政治），即使是现代民主国家，其法律体系也保留着宗教传统的印迹。

参见：20~21, 112~113

"上帝已死"

中世纪之后，教会逐渐丧失政治主导权。神权统治被推翻，世俗国家纷纷建立。这一过程中，神授法律的权威受到质疑，取而代之的是基于现实考量和理性的治理体系。政治哲学再次与宗教分离，到19世纪，许多哲学家开始公开批判宗教。卡尔·马克思将宗教视为"人民的鸦片"，认为其阻碍政治进步；弗里德里希·尼采则宣告"上帝已死"，指出犹太-基督教道德哲学与现代世界已不相干。然而，宗教对法律的影响并未完全消失。一些社会仍实行宗教法（神

一场正义的战争？

尽管基督教和伊斯兰教都倡导和平，其经典教义明确禁止杀戮和暴力，但两者都承认在特定情况下进行自卫的必要性，并发展出"正义战争"的理念。值得注意的是，基督教和伊斯兰教哲学家在界定正义战争的标准上达成了惊人共识：正当的动机、正义的事业、合法的权威，以及将战争作为最后手段。

我们是否正在**扮演上帝**？

科学技术的迅猛发展极大地拓展了人类对自然界的认知边界，带来了前所未有的福祉。现代人类比历史上任何时期都更能够驾驭自然力量，将其转化为改善生活的工具。然而，这种进步往往伴随着不容忽视的代价，迫使我们认真思考科学发展带来的伦理挑战。

科学的道德性

虽然道德哲学与政治、法律的关系显而易见，但其与科学的关联却较为隐晦。一种普遍观点认为，科学研究本身并无道德属性，关键在于其应用方式。以现代物理学为例，它揭示了能量与物质的本质关系，这一知识既可用于建造核电站造福人类，也可用于制造核武器造成毁灭性后果。然而，即便是基础研究也面临着伦理抉择。在全球仍有大量人口生活在极端贫困中的现实下，投入巨额资金进行太空探索是否合乎道德？这一问题引发了关于科研资源分配的伦理讨论。此外，当科学家通过转基因技术等手段干预自然时，常被批评为"反自然"或"扮演上帝"。

现存最古老的医学伦理学著作是由9世纪阿拉伯的医师阿尔·鲁哈维撰写的。

生死抉择

"扮演上帝"这一概念虽源于宗教道德观，但即便在非宗教领域，人们也常对某些干预行为持保留态度。医学实践中的生死抉择就是典型例证。安乐死既违背宗教戒律，也触犯法律，但在某些极端情况下，结束患者痛苦似乎又合乎情理。反对者以"扮演上帝"为由，坚持认为剥夺他人生

干预自然在道德上是正确的吗？

世界并不属于人类。

阿恩·奈斯

诫命

在西方文化传统中，神授道德律的观念深入人心。当我们讨论生死抉择是否"扮演上帝"时，这种观念便隐含其中。然而，这引发了一个更深层的哲学问题：神的诫命之所以成为道德准则，是因为其本身具有道德价值，还是仅仅因为它们是神所颁布的？

命永远是错误的——但这又引发了另一个道德难题：让患者在痛苦中煎熬，是否比结束其生命更为仁慈？随着医学技术进步，特别是生命维持设备的应用，这类伦理困境日益普遍。医生和家属常常面临是否关闭生命维持系统的艰难抉择。有趣的是，使用机器延长本应终结的生命，同样可能被视为"扮演上帝"。

塑造我们的环境

现代科技在带来福祉的同时，也引发了复杂的伦理挑战。医学进步使我们能够延长生命或减轻痛苦，基因工程则赋予了我们改造甚至创造生命的能力。虽然确保粮食安全和研发新药（如通过动物实验）等举措具有道德正当性，但科技进步的环境代价日益凸显。越

来越多的科学家和哲学家指出，某些行为的错误性不在于违背道德准则，而在于其对环境造成的意外后果。尽管改善人类生活的初衷是善意的，但这些技术进步可能对环境产生长期破坏性影响。挪威环境哲学家阿恩·奈斯率先提出"深层生态学"理念，主张人类应作为自然界的平等成员，以整体视角思考——不仅要权衡对人类或其他生物的影响，更要考虑生态系统的长远利益。

世界上第一只被克隆的哺乳动物——多莉羊，于1996年在英国诞生。

◉ 草率行为

科学革命深刻改变了人类的生活方式：从克隆技术到疾病治疗，我们获得了前所未有的能力。然而，这种能力也带来了严峻的伦理挑战：科技应用的边界在哪里？何时会逾越道德底线？许多学者担忧，草率干预复杂的生命系统，可能给自然环境带来灾难性且不可逆的后果。

什么是艺术？

哲学家研究美学（即探讨美与艺术的本质）的方法，与其探究道德问题的方式颇为相似。一些学者致力于界定美与艺术的本质属性，试图找到普遍适用的标准；而另一些学者则认为，对美的感知和艺术价值的判断深受文化背景影响，甚至纯粹是个人偏好问题。

> 风格之美、和谐之美、优雅之美以及韵律之美，皆源于简约。
>
> 柏拉图

何以为美？

苏格拉底提出的"何以为美"这一问题，看似简单却蕴含深意。他不仅寻求美的定义，更在探究是否存在某种普遍属性，使事物成为美的——即所有美的事物的共同本质。其学生柏拉图主张，理想之美存在于与现实世界分离的理念世界中，我们以这种完美形式为标准来评判美。然而，亚里士多德持不同观点，他认为美的概念源于我们对各种美的事物的经验积累。鉴于人们对美的认知千差万别，或许美并非事物的固有属性，而是"仁者见仁，智者见智"的主观体验。相对主义哲学家进一步提出，美的观念深受文化传统影响。例如，人们往往认为祖国风景最美，无论其客观条件如何。

文森特·凡·高的一幅作品在1990年以1.5亿美元售出，而他生前仅卖出了一幅画。

不同的时代与地域

美既存在于人类创作的艺术作品中，也体现在自然世界里。柏拉图对艺术评价不高，认为它只是对理想美的拙劣模仿。而亚里士多德则持更积极的看法，认为艺术不仅反映自然之美，还能提供洞见和愉悦。另一些学者强调艺术的文化属性，认为艺术之美和意义因时代和地域而异。

以古典希腊为例（即柏拉图和亚里士多德所处的时代），其诗歌、戏剧、音乐、建筑和艺术展现出比例、对称、平衡及和谐等共同特征。这些特征不仅模仿自然，更体现了希腊文化对理性思维、数学、逻辑和社会秩序的推崇。然而，不同文化对自然有独特解读，由此产生了风格迥异的艺术表达和审美观念。

名字背后的意义

当一幅被认定为某位大师代表作的画作被证实为赝品或出自不知名画家之手时，其市场价值往往会大幅下跌，艺术地位也随之降低。有趣的是，画作本身并未改变，变化的只是我们赋予它的"标签"。这种现象表明，艺术品的价值评判往往超越了作品本身的审美品质，受到社会认知和艺术史定位的影响。

客观评价?

现代艺术家不断突破传统艺术观念的边界，其作品常常令公众感到困惑甚至质疑：这也能算艺术吗？传统观点认为，艺术是创作者表达思想情感的载体——但过分关注创作意图可能影响我们的审美判断。作家兼哲学家苏珊·桑塔格主张，艺术作品应基于其自身价值来评判，而非艺术家的主观意图。另一种定义艺术的方式是依据该领域专家所赋予的介值（见"名字背后的意义"）。简而言之，艺术

> **无需了解艺术家的私人意图，作品说明一切。**
>
> 苏珊·桑塔格

评价可能只是主观品位的问题。若果真如此，那么或许并不存在评价艺术作品的客观标准。

参见：20~21, 124~125

> **我们如何评判艺术？
> 美是不是仁者见仁，智者见智？**

⊙ 喜欢你看到的作品吗？
哲学家们一直试图探讨，一件艺术作品本身是否具有美感，还是我们对这件作品的个人体验赋予了它美感。

民主社会的法律是由政治家制定的，他们由民众选举产生，代表民众的利益。然而，这些代表不可能在所有领域都是专家，为了做出明智的决策，他们需要依赖专家的建议。智囊团和政策顾问团队在此过程中扮演关键角色，他们深入研究政策的伦理维度和实践可行性，为决策者提供专业支持。

智囊团

罪与罚

社会的道德观念通过法律体系得以体现，当法律被违反时，正义机制便会启动。在这一过程中，社会需要审慎考量多重因素：首先，确定适当的刑罚尺度；其次，明确刑罚的目的——是惩罚犯罪、威慑潜在违法者，还是保护公众安全；最后，评估某些刑罚（如死刑）的道德正当性。

实践中的

道德与政治哲学

在攻克癌症等疾病的科研道路上，科学家们面临着一个伦理难题：动物实验的必要性。支持者认为，为确保治疗方法的安全性，动物实验不可或缺，这对人类带来的益处足以证明其合理性。然而，动物权利倡导者强烈反对这种观点，认为动物实验在道德上是错误的，且存在可行的替代方案。

动物实验

财富分配

政府的经济政策肩负着确保国家繁荣的重任。通过税收和福利制度，政府不仅调控国家资源的分配方式，还决定着公民的权利义务关系。在这一过程中，政府面临着双重挑战：既要促进财富创造，推动经济增长；又要确保财富的公平分配，维护社会正义。

公司董事会在制定战略时常常面临复杂的权衡。虽然确保业务成功、为股东创造利润是首要目标，但他们还必须兼顾多方利益：为顾客提供质优价廉的产品或服务，为员工保障公平的薪酬和工作条件。

业务平衡

人权

现代国家普遍将公民权利写入宪法，1948年联合国通过的《世界人权宣言》则标志着人权保障进入全球化时代。作为国际法的重要组成部分，该宣言已获得大多数国家的认可。随着社会进步，人权概念不断扩展，宣言内容也随之丰富。

在哲学各分支中，道德和政治哲学与现实世界的联系或许最为直接。从法庭的庄严判决到个人的生活抉择，我们时刻面临着是非对错的判断。

在联合国等多边组织中，各国代表就全球事务展开磋商，致力于化解冲突，并就战争罪等重大议题做出决策。虽然可能派遣维和部队，但围绕是否干预他国内政的争论从未停息。

维和

反恐

面对恐怖主义威胁，各国政府普遍加强安保措施：机场和公共场所的限制增多，监控网络日益严密。然而，随着监控摄像头遍布各处，网络活动也被纳入监管范围，人们开始质疑：这种隐私权的让渡是否与安全威胁成正比？

哲学家名录

A. J. 艾耶尔（1910—1989）

英国哲学家阿尔弗雷德·朱尔斯·艾耶尔的《语言、真理与逻辑》（1936年）引入了逻辑实证主义——即一个主张只有在经验上能证明为真或假时，该主张才有意义的观点。他认为，道德准则是毫无意义的，只是表达情感。

阿恩·奈斯（1912—2009）

阿恩·奈斯出生于挪威奥斯陆，在该市大学获得哲学博士学位。后成为环保运动的重要人物，提出"深层生态学"概念：认为整个生态环境都很重要，值得平等对待——而不仅限于影响人类的部分。

阿尔贝·加缪（1913—1960）

阿尔贝·加缪出生于法属阿尔及利亚，在阿尔及尔大学学习，受到索伦·克尔凯郭尔和弗里德里希·尼采作品的影响。后来他移居法国，在那里担任政治记者，并创作小说、散文和戏剧。他的哲学相当悲观，他认为我们的存在没有目的，我们应该接受生活是无意义的。1957年，他获得诺贝尔文学奖，仅三年后就在一场车祸中去世。

阿尔弗雷德·诺思·怀特海（1861—1947）

阿尔弗雷德·诺思·怀特海出生于英格兰肯特郡，在剑桥大学学习数学并任教25年。他的学生中有伯特兰·罗素，两人成为朋友并合著数学逻辑名著《数学原理》。后来怀特海逐渐将注意力从数学转向科学哲学，最后转向形而上学。

阿那克西曼德（约公元前610—约前546）

阿那克西曼德来自古希腊的繁忙港口米利都。他的理论受到希腊神话传统和泰勒斯的影响。他还对天文学、地理学和生物学感兴趣，是第一个绘制已知世界地图的古希腊人，并提出了人类由鱼类进化而来的理论。

阿那克西美尼（约公元前585—约前528）

与泰勒斯和他的老师阿那克西曼德一样，阿那克西美尼也来自现今土耳其的米利都。他最为人所知的是他认为万物主要由空气构成。他说，随着空气的增厚，它变成了风，然后是云，再是水，最后是泥土和石头。

阿维森纳（伊本·西那）（约980—1037）

阿维森纳出生于现今乌兹别克斯坦的布哈拉附近。他是中世纪重要的伊斯兰哲学家，早在勒内·笛卡儿之前，他就质疑人们的心灵（或灵魂）是否与身体分离。他还对科学，尤其是医学做出了巨大贡献。

埃德蒙·盖梯尔（1927—2021）

埃德蒙·盖梯尔是美国教授和认识论学者。在密歇根州韦恩州立大学任教10年后，转至马萨诸塞大学工作。他以1963年发表的三页论文《正义信念是真理吗？》而闻名。

埃德蒙·胡塞尔（1859—1938）

埃德蒙·胡塞尔出生于今捷克共和国的摩拉维亚，先学习天文和数学，后转向哲学。他最终成为德国弗莱堡大学教授，但因犹太背景于1933年被纳粹政权停职。他是现象学（研究经验的学科）的奠基人。

埃利亚的芝诺（约公元前495—前430）

芝诺是希腊哲学家和数学家，以其悖论特别是证明运动是不可能的而闻名。亚里士多德称他为"辩证法之父"，无疑是对其辩证技巧的肯定。芝诺坚定支持他的老师巴门尼德的观点，认为宇宙由单一不变的物质构成。

艾伦·图灵（1912—1954）

艾伦·图灵是人工智能先驱，英国数学家和逻辑学家。他开创了后来被称为"图灵测试"的方法来判断机器是否能够思考。第二次世界大战期间他在破译德国恩尼格玛密码机加密信息方面发挥关键作用。

奥卡姆的威廉（约1287—1347）

奥卡姆的威廉据信出生于英格兰东南部的奥卡姆村。作为方济会修士，他在牛津大学学习神学并任教。他提出的逻辑原则——在其他条件相同的情况下应选择最简单的解释——后被称为"奥卡姆剃刀"。

奥林普·德古热（1748—1793）

奥林普·德古热原名玛丽·古兹，出生于法国南部，为追求作家梦移居革命前的巴黎后重塑自我。这位自学成才的女性创作戏剧、小说和宣传册，热衷捍卫女权，反对奴隶制。最终因直言不讳而被捕，被送上断头台处决。

巴门尼德（约公元前515—前450）

巴门尼德是古希腊哲学家，出生于意大利南部的埃利亚。他受色诺芬尼影响，创立埃利亚学派。他的唯一已知作品是形而上学史诗《论自然》，他还出现在柏拉图的对话记录中，并深受柏拉图的影响。

柏拉图（公元前420—前347）

（见第48~49页）

呆罗・费耶阿本德（1924—1994）

呆罗・费耶阿本德是奥地利科学哲学家。他高中毕业后应征入伍，第二次世界大战期间获颁铁十字勋章。他在战后曾短暂从事戏剧创作，后返回维也纳学习，受到了卡尔・波普尔的影响。他以否认科学方法的存在而闻名，认为科学方法始终处于变化之中。

本尼迪克特・斯宾诺莎（1632—1677）

本尼迪克特・斯宾诺莎出生于荷兰阿姆斯特丹犹太家庭。对组织化宗教的批评导致他在23岁时被犹太社区驱逐。作为理性主义者，受笛卡儿影响，他的许多观点过于激进，只能在其死后完整出版。他生活简朴，因从事镜片打磨工作吸入粉尘而早逝于肺结核。

皮得・辛格（1946—）

皮得・辛格的父母为躲避纳粹迫害于1938年从奥地利移民澳大利亚，因此辛格在墨尔本长大。作为道德和政治哲学家，他以动物权利观点闻名，认为动物和人类一样有感受痛苦的能力。他还致力于探讨堕胎、安乐死和社会平等等议题。

毕达哥拉斯（约公元前570—前495年）

毕达哥拉斯是第一个用数学解释宇宙的人，其数学定理至今仍在被人们学习。他出生于希腊萨摩斯岛，后移居意大利南部，在那里创立了哲学和宗教学校。他的众多追随者致力于追求知识，按照严格规则生活、工作，包括禁食豆类。

白特兰・罗素（1872—1970）

白特兰・罗素出生于英国有影响力的自由派贵族家庭，教父是约翰・斯图尔特・密尔。他在剑桥大学师从阿尔弗雷德・诺思・怀特海，与其合著《数学的原则》。除在哲学逻辑、认识论和数学哲学方面做出重要贡献，罗素还是著名社会活动家。1950年他被授予诺贝尔文学奖。

查尔斯・桑德斯・皮尔士（1839—1914）

查尔斯・桑德斯・皮尔士出生于美国马萨诸塞州剑桥市，父亲是杰出的数学家和天文学家。作为科学家，皮尔士认为哲学辩论应专注于寻找令人满意的解释而非真理，并在此基础上创立实用主义学派。他与同为实用主义者的威廉・詹姆斯建立了终身的友谊。

大卫・休谟（1711—1776）

（见第22~23页）

德谟克利特（约公元前460—约前371）

德谟克利特出生于色雷斯。他与老师留基伯共同提出了原子论，认为万物由微小且不可分割的粒子构成。德谟克利特为人谦逊，专注于学术研究，他还准确预测天气变化而声名远播。他常因人类愚行而发笑，故有"大笑哲学家"之称。

恩培多克勒（约公元前490—前430）

恩培多克勒是古希腊思想家，其哲学基于四大元素说：土、气、火、水。他认为万物皆由这些元素构成，包括人类。作为毕达哥拉斯思想的追随者，他信奉轮回转世说，并坚持素食主义。

弗朗茨・法农（1925—1961）

弗朗茨・法农出生于马提尼克岛，在法国学习医学和精神病学。他在后殖民研究领域影响深远，著作涉及暴力、腐败和社会控制等议题。他36岁英年早逝，遗作《地球上的受苦者》由让-保罗・萨特作序出版。

弗朗西斯・培根（1561—1626）

弗朗西斯・培根出生于英国伦敦，就读于剑桥大学和格雷律师学院。他因其科学哲学而闻名，被称为经验主义的开创者。1618年他成为英格兰的大法官，1621年成为圣奥尔本斯子爵，后因受贿被短暂监禁。

弗里德里希・尼采（1844—1900）

弗里德里希・尼采出生于德国路德宗牧师家庭。他以挑战基督教闻名，认为宗教和对神罚的恐惧阻碍了我们实现真正潜能。他在25岁就成为教授，但一生饱受身心疾病困扰，其哲学思想直到20世纪才受到重视。

戈特弗里德・莱布尼茨（1646—1716）

戈特弗里德・莱布尼茨是德国哲学家和数学家，以形而上学和逻辑学研究著称。他从事政治和外交等职业，业余研究哲学、法律、地质学、物理学和工程学。除了牛顿，他也发现了微积分，但生前未获认可。

戈特洛布・弗雷格（1848—1925）

戈特洛布・弗雷格是德国数学家，他革新了自亚里士多德以来鲜有变化的哲学逻辑学。尽管他也研究物理、化学，并对语言哲学有所贡献，但终生在耶拿大学教授数学和逻辑。

格奥尔格・黑格尔（1770—1831）

格奥尔格・黑格尔出生于德国斯图加特，在图宾根学习神学。后来，他转而研究哲学，在耶拿大学任教。他的哲学体系涵盖历史、思想和现实。他先后任海德堡和柏林大学哲学教授，在声望鼎盛时去世。

哈丽特・泰勒（1807—1858）

哈丽特・泰勒出生于英国伦敦，以关于女权、性和政治的著作闻名。她主张女性应与男性享有相同的生活和工作领域。她与约翰・斯图尔特・密尔交往很长一段时间后结婚，她的许多作品以密尔名义发表。

汉娜·阿伦特（1906—1975）

（见第130~131页）

赫拉克利特（约公元前536—前470年）

赫拉克利特出生于古希腊以弗所城。他认为宇宙处于永恒变化中，其思想影响了柏拉图。这位性格乖戾的哲学家为躲避社会腐败隐居山林。患水肿后试图用牛粪埋身至颈部治疗，结果因中暑而死。

亨利·柏格森（1859年—1941年）

亨利·柏格森出生于法国，母亲是英国人，父亲是波兰人，双亲皆为犹太裔。他在巴黎求学期间，虽在数学、科学和艺术领域皆表现出色，却选择了哲学作为毕生事业。柏格森最为人熟知的是他对"实践"概念的独特诠释——即"绵延"（duration）或"体验时间"的理论。这一开创性研究为他赢得了1927年诺贝尔文学奖。

亨利·梭罗（1817—1862）

亨利·梭罗出生于美国马萨诸塞州康科德，在哈佛大学接受教育。曾任教师，后在父亲的铅笔厂工作，期间断断续续住在朋友兼导师拉尔夫·沃尔多·爱默生的庄园。他撰写了20多卷哲学和自然史著作，为后来的环保运动做出贡献。其论文《公民不服从》中的思想影响了包括圣雄甘地和马丁·路德·金在内的众多抵抗运动领袖。

吉尔伯特·赖尔（1900—1976）

吉尔伯特·赖尔是英国哲学家，出生于富裕家庭。他在牛津大学学习并任教至第二次世界大战，期间他自愿参军从事情报工作。赖尔以批评人类将心灵视为身体非物理元素而闻名，他在1949年出版的《心的概念》中称之为"机器中的幽灵"。

杰里米·边沁（1748—1832）

现代功利主义的创始人之一，英国哲学家杰里米·边沁以其倡导大多数人的最大幸福的理论而闻名。他是一个神童，12岁时就到牛津大学学习法律。他还是一位社会改革者，相信性别平等，并主张动物权利。

卡尔·波普尔（1902—1994）

卡尔·波普尔出生于奥地利犹太家庭。他于1937年因纳粹党意图吞并奥地利而移民新西兰，后成为英国公民。作为著名科学哲学家，他认为科学进步通过检验理论并淘汰错误观点实现。他在1965年被封为爵士。

卡尔·马克思（1818—1883）

卡尔·马克思是德国经济学家和哲学家，其著作对20世纪历史产生深远影响。他于1843年结识终身合作伙伴弗里德里希·恩格斯，1848年二人共同发表《共产党宣言》。他认为贫富冲突是社会问题的核心，主张财产应归集体而非个人所有。

孔子（公元前551—前479）

孔子是中国思想家和教育家，以其社会观察闻名。他15岁立志求学，发展出一套社会政治哲学理念，他的哲学理念为后来的中国思想奠定了基础。

勒内·笛卡儿（1596—1650）

（见第72~73页）

路德维希·费尔巴哈（1804—1872）

路德维希·费尔巴哈是德国哲学家和人类学家。他放弃神学，在柏林大学师从黑格尔，但最终摒弃了黑格尔的观点。作为唯物主义者，他的许多著作对宗教进行了批判性分析，他最著名的观点是否认上帝的存在，认为上帝只是人类意识的理想化投射。

路德维希·维特根斯坦（1889—1951）

（见第106~107页）

罗伯特·诺齐克（1938—2002）

罗伯特·诺齐克出生于美国纽约布鲁克林。在普林斯顿大学获得哲学博士学位，后在该校和哈佛大学任教。他以其著作《无政府、国家与乌托邦》（1974年）闻名，该书是对约翰·罗尔斯的《正义论》（1971年）的自由至上主义的回应（强调个人权利）的回应。

马丁·海德格尔（1889—1976）

马丁·海德格尔是德国哲学家，以富有启发性的演讲著称。他于1930年代任弗莱堡大学校长，后加入纳粹党，导致战后被禁止任教。在其代表作《存在与时间》中，他认为我们不仅经历时间——我们的存在就是时间。

玛丽·沃斯通克拉夫特（1759—1797）

玛丽·沃斯通克拉夫特出生于英国伦敦农民家庭，被视为女性主义哲学奠基人之一。以《女权辩护》（1792年）闻名，她认为女性并非天生劣于男性，只是因缺乏适当教育。她在38岁时去世，十日前刚生下第二个女儿玛丽·雪莱（《弗兰肯斯坦》作者）。

米利都的泰勒斯（约公元前624—前546）

泰勒斯是公认的西方第一位哲学家，但生平资料甚少。他出生于米利都并在此生活，著作均已失传。关于他的只言片语，都来自亚里士多德和第欧根尼·拉尔修。他以"万物本原是水"的观点闻名。

尼科洛·马基雅维利（1469—1527）

尼科洛·马基雅维利是意大利政治家和外交家，一生在佛罗伦萨度过。后致力于政治写作，被视为现代政治学的奠基人。"马基雅维利式的"一词常被用来形容他在《君主论》中描述的那种不择手段的政客，该书被视为君主为自身利益统治的指南。

普罗泰戈拉（约公元前490—前420）

普罗泰戈拉出生于古希腊阿布德拉，但大部分时间在雅典度过。作为最杰出的智者派（一群游历教师和知识分子）成员，他提出相对主义观点（道德因文化或历史背景而异）。传说他后来被指控不敬神，导致著作被焚，他也被逐出雅典。

乔治·贝克莱（1685—1753）

经验主义者兼教会主教乔治·贝克莱在爱尔兰都柏林的三一学院学习期间，受到约翰·洛克和勒内·笛卡儿著作的影响，并在此完成了所有知名哲学著作。贝克莱将经验主义推向极端，认为物质世界并不存在，我们能确定的只有观念和感知这些观念的心灵。

乔治·爱德华·摩尔（1873—1958）

乔治·爱德华·摩尔是英国哲学家，曾在剑桥大学学习，后与伯特兰·罗素和路德维希·维特根斯坦一同在剑桥大学任教，这一时期也是剑桥大学哲学的"黄金时代"。他以倡导常识概念及在伦理学、认识论和形而上学方面的贡献而闻名。

让-保罗·萨特（1905—1980）

让-保罗·萨特是存在主义哲学家，出生于法国巴黎，在巴黎高等师范学院学习哲学时结识终身伴侣西蒙娜·德·波伏娃。他任教至第二次世界大战，在战争期间参军并短暂入狱，后加入抵抗运动。战争结束后，他的作品日益政治化，但仍坚持创作戏剧、小说和哲学著作。1964年，他被授予诺贝尔文学奖，但他拒绝接受这个奖项。

让-雅克·卢梭（1712—1778）

让-雅克·卢梭出生于瑞士日内瓦的加尔文教家庭。他16岁时离家前往法国，作过家庭教师、音乐家和作家，后成为包括狄德罗和伏尔泰在内的著名法国知识分子团体的成员。卢梭认为社会限制了人们与生俱来的自由，没有社会人们反而能和谐共处。其争议性观点影响了法国大革命及现代政治和社会学思想。

色诺芬尼（约公元前560—前478）

色诺芬尼出生于古希腊科洛丰，过着游牧生活。作为诗人和宗教思想家，其哲学思想通过诗歌表达，以批评希腊诸神的不道德而闻名。他还对知识本质做出开创性思考。柏拉图和亚里士多德的著作中都提到过他。

圣安瑟伦（1033—1109）

圣安瑟伦出生于意大利阿尔卑斯山的奥斯塔。27岁时，他加入了法国诺曼底的贝克本笃会修道院。1078年成为修道院长，1093年至1109年间担任英国坎特伯雷大主教。安瑟伦因其关于上帝存在的本体论论证而闻名。

释迦牟尼（约公元前563—前483）

释迦牟尼出生于今尼泊尔的一个王室家庭。初次出宫目睹人间疾苦后，他寻求解脱之道，最终通过冥想悟道成佛。佛教即基于他的教义。

苏格拉底（公元前469—前399）

（见第122~123页）

苏珊·桑塔格（1933—2004）

苏珊·桑塔格原名苏珊·罗森布拉特，出生于美国纽约，在哈佛大学获得哲学硕士学位。她曾教授哲学，后成为全职作家。她以现代文化评论著称，特别是关注如何解读图像问题的艺术和美学文章。

索伦·克尔凯郭尔（1813—1855）

索伦·克尔凯郭尔出生于丹麦富裕家庭，丰厚的遗产使他得以毕生致力于哲学。他忧郁的性格反映在其哲学信念中：我们可以自由塑造自己的生活，但这种自由未必带来幸福。基于此，他选择不与未婚妻结婚，最终孤独离世。

托马斯·霍布斯（1588—1679）

（见第80~81页）

托马斯·库恩（1922—1996）

托马斯·库恩是美国哲学家，在哈佛大学获得物理学博士学位后转向科学哲学研究。他以提出科学领域经历周期性"范式转移"（突破导致思维彻底改变）而非线性进步而闻名。

威廉·詹姆斯（1842—1910）

威廉·詹姆斯出生于美国纽约一个富有且显赫的家庭。父亲是哲学家，弟弟亨利是著名小说家。他在哈佛大学获得医学学位（但从未行医），后教授医学、心理学和哲学。作为实用主义者，他认为只要信念有用就应接受；他还研究意识，将其描述为持续变化的过程。

W. E. B. 杜波依斯（1868—1963）

威廉·爱德华·伯格哈特·杜波依斯是第一位获得哈佛大学博士学位的非洲裔美国人。除了担任亚特兰大大学的历史、社会学和经济学教授，以及著作颇丰，他还是民权运动的关键人物，为黑人在白人主导的社会中争取平等权利。

西蒙娜·德·波伏娃（1908—1986）

（见第138~139页）

希波的奥古斯丁（354—430）

奥古斯丁在现今的阿尔及利亚作为基督徒长大，但他在迦太基的哲学学习让他对自己所信仰的宗教感到不满。后来他重新皈依基督教，并发展了他的哲学（基于柏拉图的形式世界），认为世俗社会是天国的不完美映射。在意大利逗留一段时间后，他回到北非，成为希波的主教。

希拉里·普特南（1926—2016）

希拉里·普特南出生于美国芝加哥，童年大部分时间在法国度过，后返回美国。在学习数学和哲学后获得哲学博士学位。普特南的学术生涯杰出：1965年成为美国艺术与科学院院士，1976年当选美国哲学协会主席。他的心灵哲学研究最为著名。

希帕提娅（约355—415）

希帕提娅是埃及亚历山大城的哲学家，同时是当时顶尖的天文学家和数学家。她的哲学围绕神的存在，即救世主的信仰，认为这是所有现实的终极源泉。她被基督徒和犹太人斥为异教徒，最终被基督教狂热分子残忍杀害。

亚里士多德（公元前384—前322）

（见第96~97页）

亚瑟·叔本华（1788—1860）

亚瑟·叔本华出生于德国富裕家庭。他与格奥尔格·黑格尔同时在柏林大学教授哲学，但叔本华非常鄙视黑格尔。作为悲观主义思想家，他以《作为意志和表象的世界》一书闻名，提出现实由可经验的世界（表象世界）和不可经验的世界（意志世界）组成。

伊壁鸠鲁（公元前341—前270）

伊壁鸠鲁是古希腊哲学家。他认为死亡既无快乐也无痛苦，因此人生在世应追求最大幸福。他在自家花园创办的学校规模虽小却拥有忠实追随者，是古希腊首个常规接纳女性的哲学学派。

伊曼努尔·康德（1724—1804）

（见第30~31页）

以赛亚·伯林（1909—1997）

以赛亚·伯林出生于俄国里加（今拉脱维亚）的一个犹太家庭。他早年在俄罗斯生活，但由于反犹太主义日益猖獗，他的家人很快移居英国。伯林以其政治哲学而闻名，他认为人们有权自由选择自己的道路，最好的自由来自内心。他于1957年被封为爵士。

约翰·杜威（1859—1952）

约翰·杜威是美国实用主义哲学的代表人物。这位杰出的学者就读于佛蒙特大学，并在多所顶尖学府任教。他著述广泛，涉猎多个领域，并创办了芝加哥大学实验学校，将"做中学"的教育理念付诸实践。

约翰·罗尔斯（1921—2002）

约翰·罗尔斯出生于美国巴尔的摩。他在普林斯顿大学读书，并在第二次世界大战期间服役，后返校攻读道德哲学博士学位。后来，他在牛津大学求学期间受以赛亚·伯林影响。其代表作《正义论》（1971年）提出"公平即正义"理念，对复兴道德和政治哲学研究具有重要意义。

约翰·洛克（1632—1704）

约翰·洛克出生于英格兰乡村律师家庭。在牛津大学学习并教授医学。受笛卡儿著作启发转向哲学研究。作为英国首位伟大的经验主义哲学家，他以确立人类知识界限的研究和政治哲学著作闻名。

约翰·塞尔（1932— ）

约翰·塞尔是美国哲学家，以"中文房间"思想实验挑战人工智能而闻名。他在语言哲学和心灵哲学方面贡献卓著，获得众多奖项和荣誉学位。

约翰·斯图尔特·密尔（1806—1873）

约翰·斯图尔特·密尔出生于伦敦，在东印度公司工作30年，业余写作。其父哲学家兼经济学家詹姆斯·密尔对他要求严格：约翰7岁就精通希腊语和拉丁语，后接受父亲和杰里米·边沁的功利主义观点。妻子哈丽特·泰勒加强了他对女性平等的信念，并协助他撰写《自由》，这是约翰献给妻子的著作。

术语表

美学

哲学分支，研究何为美或艺术。

分析命题

与综合命题相对——仅凭表达用词的含义即为真，如"所有种马都是雄性"。

拟人论

将人类行为或特征赋予非人类事物，如动物等。

Arete

古希腊哲学中，这个古希腊词语指卓越和美德。

论证

逻辑学中，从一个或多个前提推导出结论的推理过程。前提应为结论提供支持。

结论

逻辑论证的最后部分，从前提推导得出。

结果主义

道德哲学观点，认为行为的道德性应根据其结果来判断。

偶然真理

可能为真也可能为假的事物——与必然真理相对。

矛盾命题

两个命题互为矛盾时，一个的真/假必然导致另一个的假/真。若一个为真，另一个必为假。

对立命题

两个命题互为对立时，不能同时为真，但可能同时为假。

演绎

从一般规则推导出特定结论。基于演绎的论证总是有效的，与归纳相对。

辩证法

古希腊通过讨论不同观点追求真理的方法。

二元论

认为存在两种实体的观点。

经验主义

认为所有关于心灵之外事物的知识都通过感官经验获得。

蕴含

逻辑学中，指一件事必然由另一件事得出。

认识论

哲学分支，研究知识的本质、可知范围和认知方式。

本质

事物的真实性质——使其成为该事物的原因。

伦理学

研究行为对错及支配这些行为的道德原则。亦称道德哲学。

存在主义

20世纪哲学方法，关注人类存在及对生命意义或目的的探寻。

谬误

容易犯的推理错误。

可证伪性

如果一个陈述或一组陈述能被证明为假，则称其具有可证伪性。

模糊逻辑

处理半真半假陈述的逻辑系统，允许其在真假之间连续变化。

半真半假

部分真实的陈述。

伤害原则

约翰·斯图尔特·密尔提出，只要不伤害他人或限制他人自由，人们应可自由行事。

假设

需要进一步研究的解释性提议。

唯心主义

认为现实最终由心灵及其观念构成，而非物质。与唯物主义相对。

归纳

从一个或多个前提推导结论；结论应得到前提支持，但并非逻辑必然。

推论

通过论证从前提得出的结论。

自由主义

政治哲学观点，认为社会应保护个人自由和平等。

逻辑学

哲学分支，研究理性论证，包括如何构建好的论证和识别论证缺陷。

逻辑形式

逻辑学中论证的结构。

唯物主义

认为一切最终都是物质的观点。不存在非物质实体或属性。与唯心主义相对。

形而上学

哲学分支，研究现实的根本性质。

心身二元论

认为心灵和身体是两种独立实体的观点。

一元论

认为只存在一种实体的观点。

道德哲学

亦称伦理学，哲学分支，研究对错、善恶观念，以及我们行为和判断的道德基础。

道德

决定对错或善恶行为的原则。

必然真理

必然为真的事物，与偶然真理相对。

本体

物自体，独立于我们的经验存在，超出心灵范围，与现象相对。

悖论

尽管从可接受的前提进行看似合理的推理，却得出荒谬结论的论证。

现象

我们可以体验到的事物。与本体相对。

心灵哲学

哲学分支，研究心灵本质、心理过程、意识，以及心灵与身体的关系。

物理主义

认为一切最终都是物理的。例如，我们的心理体验可以通过大脑的物理运作来解释。

松果体

大脑中形似松果的微小腺体。笛卡儿认为这是心灵与身体的连接点。

政治哲学

哲学分支，研究国家的本质和运作方法，包括正义、政治和社会秩序等概念。

实用主义

强调知识实用性的哲学方法——如果理论或信念能实际应用，就是成功的。

前提

论证的起点。任何论证必须至少从一个前提开始，如"人必有一死"。

第一性的质和第二性的质

在约翰·洛克的哲学中，物体具有可独立于经验测量的第一性的质（如大小），以及由个人经验决定的第二性的质（如颜色）。

属性二元论

认为物理事物具有非物理属性（如精神属性）的观点。

命题

提出主张时所断定的内容。命题可为真或假。

理性

基于或至少不违背逻辑和理性原则。

理性主义

认为所有知识都通过理性思维或推理获得。与经验主义相对。

推理

以逻辑、理性的方式思考事物。

相对主义

认为真假取决于文化、社会或历史背景的观点。

不疑论

认为我们在某一领域没有或无法获得知识的观点。例如，外部世界怀疑论者认为我们无法了解自己心灵之外的世界。

社会契约

社会成员为达成有利于整体的目标而默示同意合作，有时以牺牲个体利益为代价。

灵魂

存在的精神、非物质部分，被认为在死后继续存在。

实体

能够独立存在的事物。例如，精神实体可以独立存在，无需物质实体。唯物主义者认为只有一种实体——物质实体。二元论者认为存在两种实体——精神实体和物质实体。

三段论

从两个前提推导结论的推理形式。例如："所有人都是会死的。苏格拉底是人。因此，苏格拉底是会死的。"

综合命题

其真实性不取决于表达用词含义的命题。与分析命题相对。

物自体

事物实际是什么，而非通过感官感知到的样子。是本体的另一种说法。

思想实验

为检验假设而设想的虚构情境。

事实真理

不能仅凭理性确立的真实陈述（与推理真理不同）。

推理真理

仅凭理性即可确立为真的陈述（与事实真理不同）。

功利主义

道德和政治哲学理论，根据后果判断行为的道德性，认为最理想的结果是大多数人的最大幸福。

有效性

如果结论从前提逻辑得出，则称论证有效。这并不意味着结论为真。

可验证性

如果陈述能被证明为真，则称其可验证。

世界

哲学中，世界、宇宙和太空常指我们所能体验的全部现实。哲学家有时也用以指不同的世界，如现象世界或本体世界。

理念世界（或形式世界）

柏拉图认为，独立于我们生活世界的世界，包含事物的理想形式。我们只能看到这些完美形式的不完美映射。

僵尸

哲学中，指外表和行为与常人无异但没有意识的人。

索引

致谢

本书的创作同时要感谢John Searcy和Jackie Brind对本书局部内容的帮助。

还要感谢如下人员允许本书使用他们的图片：

(Key: a–above; b–below/bottom; c–center; f–far; l–left; r–right; t–top)

6 **Corbis:** Lawrence Manning (fcr). **Fotolia:** dundanim (cl). **iStockphoto.com:** traveler1116 (fcl). **7 Getty Images:** Image Source (cl/scientist). **iStockphoto. com:** urbancow (cr). **10 Alamy Images:** Blend Images. **13 Dorling Kindersley:** Rough Guides / Brice Minnigh (br). **15 Corbis:** George Tatge / Alinari Archives (tr). **17 Corbis:** Richard T. Nowitz (br). **19 Dorling Kindersley:** Sir John Soane's Museum, London (br). **21 Corbis:** Stephen Simpson (br). **25 Dreamstime.com:** Eric Isselee (br/lion, br/tiger). **33 Corbis:** Hyungwon Kang / Reuters (br). **35 Dorling Kindersley:** Rough Guides / Roger Norum (cra). **38 Corbis:** Halfdark / fstop. **40 Science Photo Library:** Laguna Design (bl). **42 Fotolia:** Paul Paladin (bl). **47 Dorling Kindersley:** Birmingham Buddhist Vihara (br). **51 Alamy Images:** AF archive (br). **64–65 Alamy Images:** Henry Arden / Cultura Creative (RF). **67 Fotolia:** Valdis Torms (br). **79 Alamy Images:** Photos 12 (br). **88 Alamy Images:** Image Source / IS026617R. **95 Dorling Kindersley:** Science Museum, London (bc). **99 Wikipedia:** (tr). **101 Alamy Images:** Hugh Threlfall (tr). **104 Pearson Asset Library:** Pearson Education Ltd / Jules Selmes (b). **106–107 Getty Images:** Hulton Archive / Dorling Kindersley (artwork). **111 Alamy Images:** Brian Hagiwara / Brand X Pictures (br). **116 Alamy Images:** YAY Media AS / BDS. **118: Dorling Kindersley:** Whipple Museum of History of Science, Cambridge (bl). **122–123 Getty Images:** G. Dagli Orti / De Agostini / Dorling Kindersley (artwork). **132 Corbis:** Alfredo Dagli Orti / The Art Archive (bl). **137 Alamy Images:** Everett Collection Historical (br). **Dorling Kindersley:** Corbis / Hulton-Deutsch Collection. **141 Corbis:** Leonard de Selva (br). **143 Corbis:** Chris Hellier (tr). **144 Dorling Kindersley:** Rough Guides / Lydia Evans (b).

All other images © Dorling Kindersley
更多信息，请登录网站：www.dkimages.com